中國學術思想 研究輯刊

十 編

林 慶 彰 主編

第 4 冊

荀子的教育哲學
——以「成德理論」爲進路

陳 靜 美 著

花木蘭文化出版社

國家圖書館出版品預行編目資料

荀子的教育哲學——以「成德理論」為進路／陳靜美 著─初
版 ─ 台北縣永和市：花木蘭文化出版社，2010〔民99〕
序 2+ 目 2+176 面：19×26 公分
（中國學術思想研究輯刊 十編：第 4 冊）
ISBN：978-986-254-333-7（精裝）
1.（周）荀況　2.學術思想　3.教育哲學
520.12　　　　　　　　　　　　　　　　　99016444

ISBN - 978-986-2543-33-7

9 789862 543337

中國學術思想研究輯刊
十 編 第 四 冊　　　　　　ISBN：978-986-254-333-7

荀子的教育哲學——以「成德理論」爲進路

作　　者　陳靜美
主　　編　林慶彰
總 編 輯　杜潔祥
出　　版　花木蘭文化出版社
發 行 所　花木蘭文化出版社
發 行 人　高小娟
聯絡地址　台北縣永和市中正路五九五號七樓之三
　　　　　電話：02-2923-1455／傳眞：02-2923-1452
網　　址　http://www.huamulan.tw 信箱 sut81518@ms59.hinet.net
印　　刷　普羅文化出版廣告事業
封面設計　劉開工作室
初　　版　2010 年 9 月
定　　價　十編 40 冊（精裝）新台幣 62,000 元　　版權所有・請勿翻印

荀子的教育哲學
——以「成德理論」爲進路

陳靜美　著

作者簡介

　　陳靜美，一位熱衷追求人生智慧、生命真理與嚮往永恆的理念實踐者，也是一位深度關懷人格涵養、社會關懷與文化傳承的教育工作者。所累積多年「教」與「學」之經驗，深知學習效果之成敗，乃在於心性之陶冶與德行之涵養，且成就教育之契機，乃必須返回生命之本根以為形塑。

　　有見於荀子探討「人性之實」的教育理念，乃當今世風日下的針砭之方，是以，懇切疾呼百年樹人之高等教育方針，應跳脫定執於理想面的（大學生）量的擴充、回歸植基於重新檢視與全面改善現實面的（大學生）質的提升。透過荀子教育哲學的啟發，堅信來自思維、反省、推論、批判、實踐、關懷等能力之薰習培育，確能找回屬於受教者的自信與意義，亦可重新肯定教育的內涵與價值。

提　要

　　一直以來，荀學於傳統儒學的定位中，即被列於「旁支」的地位。大部分的因素皆由於荀子對於心、性、天所持的看法，與孔孟迥異，但最根本的差異，還是來自其人性論的主張。荀子赤裸裸地呈現人性最真實的面向，顯然很難與理想面的人性本善理論相互抗衡；這是歷史的確據，也是人性最難自我面對與真實矯治的一面。並且，倘若人性始終處於自我安逸與滿足，那麼，教育理念將很難完全發揮其效力與功能，基此，探究荀子之性惡論應具有其時代意義與價值，尤有甚者，荀子教育哲學更加寓有豐富深刻之人生哲理與教育意涵。

　　荀子的教育理念植基於「性惡善偽」、「天生人成」，主張的是「以智識心」的學問理路。因著就「天生」方面言，皆是負面的、被治的，此無可云善；自「人成」方面言，皆是正面的、能治的，而此方可言善；荀子以認知與思辨為主的「認知心」或「智心」，只要通過虛壹靜之工夫，與認知禮義，就能定是非、決嫌疑，並可以之來治性。因此，「心知」乃成為荀子思想中，由惡向善的通路；而「禮義」則是客觀而外在的行為規範，係出於慮積習偽之創制（荀子所見於天者如此，故禮義法度無處安頓，只好歸之於人為），是以，荀子的絕對精神與主體精神不立，遂轉而朝向客觀精神發展。

　　本書欲自荀學的基本性格，也就是客觀精神之體現著手，透過荀子對於「認知心」、「性惡」、「自然天」的精湛解析，對比孟子與荀子之於性善性惡論證，以及工夫修養的深入闡述，彰顯荀子「成德之教」之積極有為的入世教育論，提供現代落實生命教育之新視域思維。

序　言

　　處於今日物質氣焰高漲，精神思想不彰的文明時代裏，人不獨以追求物質粉飾了昇平，亦將精神毀滅掩蓋了大同，時時嚮往發展進步，卻處處失落眞實之自我，庸庸碌碌，無我無人地過了一生。這是何其不該與悲哀？！因而，有見於自我意識之覺醒與惻怛，更有思於中國傳統固有文化之再現與復興，而欲以最客觀的研究，給予先哲爲反省自身與時代問題之企向與努力一適當的評價；此是撰寫本書的眞確目的。

　　研究荀子，實乃深究事實背後之眞象的一個很好範型。荀子講「性惡」，其用心卻是在「善僞」上。同樣，我們口口聲聲高喊科技與自由之重要，然事實上卻不得不承認，在科技進步與民主自由的現象背後，已是自己爲自己，種下了進步的恐慌與自由的恐懼之惡果。我們可能知道卻又惶恐去承當這個代價，正如同人知性惡，卻又不願眞正去化性起僞。荀子的教育哲學，雖說是「外鑠之學」，其成德理論，亦無內在而必然地普遍有效性，然荀子眞切的指出，人性亦有此自然之實而極言修身與教化，實已盡其爲人省思之分與爲時代立命之責了。時至今日，亦唯有效法古人面對時代、反省問題之職志，落實教育文化之崇高理想，找回失落已久的倫理道德，方有實現世界和平的一天；此亦是撰寫本書的動機之所在。

　　本書處理的課題範圍，以關於成德理論的孟荀心性論爲中心，旁及於對教育哲學之較有影響的外王事功。至於，本書所取材之資料則分爲典籍、書目與期刊三大類。此外，相關本書之註釋說明如下：

　　1. 本書凡直接採用荀子原文者，則以李滌生先生《荀子集釋》爲準，間或參考王先謙先生《荀子集解》，並即於引用章句下，直接加括弧註明

出處，而不另列旁註。

2. 本書凡直接採用孟子原文者，則以朱熹章句《四書集註》爲準，並直接註明出處。

3. 本書凡引證歷代諸般典籍之文辭者，均於所引原文下，分別列註以明其出處。

4. 本書凡直接引用書中原文者，附註以「語出」原書第幾頁爲準。而凡參照原文意義而以己文寫出者，則以「參閱」原書第幾頁爲準。

第一章 荀學之基本性格──客觀精神之體現

在中國史上出現過很多不同典型的代表人物，有的是因創造發明而留名於史，如有巢氏之教民架木為巢；有的是因自設教派而流傳千古，如孔子之行教當時，澤被後世；甚至，亦有大師之思想而不被當代人了解，得不到正確之評價者，此如荀子。故而，還歸荀子的真性情，即以展示其教育哲學之理念而為根本前提。

第一節 荀學的基本性格

荀子乃繼孔孟而起的儒家學者，然就儒家的許多觀念，最基本的如「心」、「性」、「天」論而言，荀子對之並無相應之理解。荀子之所以為儒者，並不似孟子之十字打開孔子之仁教，[註1] 而是在於他所開展之「以知成德」的實踐理路，此即荀子「成德理論」之所謂：道德實踐所成就於人的存在價值。這是荀子自成一格最明顯的思想體系，亦是荀子有功於教育者，且更成為儒家「內聖」學之理論根據的一大突破。以下分就五個層面，闡明荀學表現在「內聖」方面的基本性格：

一、透顯「知性主體」的文化意義

在中國歷史精神的發展上，直到孔子，始自覺地通體透出，由潛存至彰

〔註1〕陸象山謂：「夫子以仁發明斯道，其言論無罅縫。孟子十字打開，更無隱遁。蓋時不同也」，語出《陸象山全集》〈卷三十四〉語錄，頁253。

著之仁智的道德精神全體,而貞定中國文化的精神方向。〔註2〕由於,荀子並未能如實把握,孔子言道(「仁」)之內在而本質的意義,於是,只能偏重「智」之一面而開展出「知性主體」,以爲其「內聖」學之大本。所謂「知性主體」,實乃相對於「德性主體」而言,孟子主德性,是以重於把握內在而固有的道德本心,當下即可絕對地自主而不假外求;反觀,荀子強調本身未有任何內容之知性,而此則須透過外在的感知,才能充實或完成其存在。〔註3〕

　　依荀子,其以「自然情欲」爲「性」之實指,然此「性」非但不是道德之原理,且爲人之一切惡行之所根。是以,荀子基於道德心靈之深固與湧現,必思有以擾化矯治之,這就是所謂的「化性起僞」。復因,人易順此「生而即有」之自然情欲之「性」而無節,以致流於惡,故而,荀子以爲:人之所以爲善,並不是人有先天的善性,而是因爲後天的人爲。乃因通過人爲,人才能由惡趨善,這就是所謂的「性惡善僞」。無論是「化性起僞」或「性惡善僞」,其中的「僞」,都是指向後天人爲的外在規範,而外在規範的具體表現,就在於「禮義」。顯見,荀子的尊禮貴義,乃是由於人性惡的緣故。雖則,「禮義」之爲善可化人性之惡,然依荀子,「禮義」乃非人之性分所固據,是爲客觀外在之存在,因此,必須通過後天經驗之學習,才能把握住「禮義」,而這也就是荀子特別重視爲學的原因。

二、重視道德實踐之爲學義蘊

　　荀子認爲,爲學的意義就在於作道德實踐的修養,並且,荀子亦以作不作道德實踐的修養,即爲不爲學,來作爲人與獸的區別。而此區別的意義即在於:人之所以爲人其價值意義的建立,是有賴爲學而後成的。

　　　〈解蔽〉篇云:「爲之,人也。舍之,禽獸也」

依循爲學乃關係著人存在價值的建立來看,人豈能不爲學,又豈能須臾廢學?故而,荀子乃以:爲學的精神就貴在人能鍥而不捨地作道德實踐的修養,所謂「學不可以已」、「眞積力久則入,學至乎沒而後止也」(〈勸學〉),眞切而篤實地爲學,就能學有所成。不過,學亦不能無術。

〔註2〕對於孔子通過文化意義之自覺,所開闢之仁教的精神領域,與反省堯舜禹三代的法令政規,所構作之立國準則,合而言之即稱爲「內聖外王」之道,而此正是宗於孔子對於道之本統的再開發。參閱牟宗三:《心體與性體》〈第一冊 綜論部〉,第四章。

〔註3〕參閱唐君毅:《哲學概論》〈第二部〉,第一章。

〈儒效〉篇云：「不聞若不聞之，聞之不若見之，見之不若知之，知之不若行之。學至於行之而止矣」

〈勸學〉篇云：「君子博學而日參省乎己，則知明而行無過矣」

可見，人能將所學付諸實行，且能在篤行中有所知，方可謂盡知爲學的方法。但徒有其法，仍無法保證，即可切近於人身之修養，而於眞實生命有所助益，是以，荀子欲人作道德實踐的修養，只是，若要舉措應變得其宜，就必須學得有統類可循之禮法方能致之。依此，「師」是能規定禮以爲法的，所以，欲學得禮法，亦唯有從師而學，方能得知禮法之眞義。〔註4〕

〈修身〉篇云：「禮者，所以正身也；師者，所以正禮也。無禮，吾何以正身？無師，吾安之禮之爲是也……故學也者，禮法也。夫師以身爲正儀，而貴自安者也」

此言：「師」不但能正禮，且能將禮體之於身，以安定其自己，而使其生命成爲範型。所以，荀子以爲：爲學的要領，就在於有師有法。而就爲學方法中「行之，明也。明之爲聖人」（〈儒效〉），即依爲學要領中「情安禮，之若（順）師，則是聖人也」（〈修身〉）所言，荀子所謂爲學的目的，就在於成爲道德至極的聖人。

〈禮論〉篇云：「故學者，固學爲聖人也，非特學爲無方之民也」

可見，聖人境界並非一蹴可幾。然就人之爲學，而從事道德實踐的修養，所達到的不同程度可知，爲學的程度，是循士、君子、聖人而漸進的。

〈修身〉篇謂：「好法而行，士也；篤志而體，君子也；齊明而不竭，聖人也。人無法，則倀倀然；有法而無志其義，則渠渠然；依乎法，而又深其類，然後溫溫然。」

〈儒效〉篇云：「我欲賤而貴，愚而智，貧而富，可乎？曰：其唯學乎。彼學者，行之，曰士也。敦慕焉，君子也。知之，聖人也」

依此可知，荀子重視爲學，且又深曉學必知其所以然之理，方能行之而應變不窮，故循此理解，劃分道德實踐之修養層級爲：

「士」是愛好禮法而依禮法以行者

〔註4〕由〈修身〉篇：「固非禮是無法也」可知，法乃本於禮而有；有禮就有法，無禮就無法。因而，荀子以禮與法連言而云：「故學也者，禮法也」（〈修身〉），此言人爲學就在學得禮法，而依禮法以行，而此亦即是說，人作道德實踐的修養，必須依於禮法，以之爲行爲活動的準則。

「君子」是志意堅定而敦勉於依禮法以行者

「聖人」是智慮敏捷，依禮法而行，且知法之類以應萬物之變而不
窮者

據此可謂：士與君子之分，是依禮法而行的程度上有別。而士、君子二者與
聖人，則是知上有別。易言之，士與君子雖知依禮法之條文規定以行，而不
致無所適從，但由於不知禮法所依之理，即未能深識得法之類，所以，未能
應變而不窮。然則聖人，不但能夠依禮法之條文規定以行，且亦深明禮法之
統類（亦即禮之理、理之所以然），所以才能肆應從容而應變不窮，此乃〈法
行〉篇云：「禮者，眾人法而不知，聖人法而知之」之義。

綜觀荀子之為學義蘊，乃依成就聖賢人格為其終極目的而發的，但是，
人為成聖所作之修養，其依據究竟定位在哪裡呢？

三、道德實踐的主觀根據及客觀依據

由於，荀子以「為學」（亦即從事道德實踐之修養）之要領，乃在於師法
「禮義」，因而，若欲成就道德實踐而為聖人，就必須先把握此客觀而外在之
「禮義」。其次，因「禮義」是客觀而外在的，所以，亦必須透過能「知」（禮
義）亦能「治」（性）之主觀的「心」來把握之。依此可知，荀子是以「心」
為道德實踐之主觀根據，而以「禮義」為道德實踐之客觀依據的。即因荀子
以自然（性與天）是被治者，而人是能治者，故而，作為道德實踐之客觀依
據之「禮義」，所以能夠成就道德實踐，乃因人是一能知「禮義」，且又能本
此知以行的能治者，而人之所以能治天化性而為一能治者，所憑依的就是「禮
義」。是以，內在於荀學中，「禮義」就是道德、人治的最高準繩，故而，〈禮
論〉篇云：「禮者，人道之極也」。抑且，因著荀子以「性」與「天」俱是被
治者，而「心」是能治者，所以，「心」之所以能夠成就道德而為其主觀根據，
即因，荀子所謂「心」，是認知的、知性的，〔註5〕它能夠感取外物，認知禮
義，並以「禮義」來治性。

依上可知，荀子雖與西方哲學採取同樣的路數，以認知的、知性的面向

〔註5〕荀子以自然情欲言「性」，則人與其他動物無以異，但是，荀子畢竟不以順此
動物性之自然為已足，於是，他欲於動物性處翻上來，而以更高一層之「心」
的存在來治有惡之「性」。此外，荀子之「心」，乃不同於孟子所言之內在的
道德心，而只是具有認識及思辨作用之非道德的認知心、智識心。

來論心，但是二者所欲成就之物事，卻是不相同的。西方哲學中之認知心或智心，重在成就知識，而荀子之認知心或智心的運用，則主要是致力於人之成德方面的問題，而這亦是荀子有功於教育哲學理念，眞積力久之處。

四、「以智識心」的學問理路

　　所謂「以智識心」乃相對於「以仁識心」之觀念而立。〔註6〕「以仁識心」是以「仁」爲「心」之內容，所識的是道德性的「德性心」，其表現仁德而爲「道德主體」（亦曰德性主體），使人成爲道德的存在，這是孟子以下正宗儒家所講述的通義。而「以智識心」則是以「智」爲「心」之內容，所識的是理智性的「認知心」，其表現智辨而爲「認知主體」（亦曰知性主體），使人由理智的存在而成爲道德的存在，這是荀子所特別彰顯出的獨見。依此可知，孟子之「以仁識心」與荀子之「以智識心」，其各持之爲學的宗旨，實乃孔子仁智雙彰之一面的表現。

　　然就學問與道德之根源的共同問題上而言，孟子以仁義之德來說明人禽之別，〔註7〕而荀子則是就有辨之智來簡別人禽之異。〔註8〕是以，同樣是面對德性生命的內在問題，一是由「仁心」切入，所以直就道德心擴而充之即可至；一是由「智心」得，所以須經認知的歷程始能至。然而，「仁心」始有價值定向，「智心」則無價值定向，而這正是毫釐千里之差別所在。所以，即因此根源處，荀學乃與孔孟之儒學不相符應，是故，荀學始終居於歧出的地位，而被漠視排擠於正宗儒學的殿堂之外。的確，荀子對於價值的根源，亦即內在的道德心性，有一間之未達而未能善返之，但其正視行爲活動的所以然之理，而盛發「禮」之「統類」的意蘊，與盡知「知性主體」之大用，所作之「正名」，在在都顯出其「旁支」之殊見與「歧出」之智慧。以下即就「統類」與「正名」而言荀子「智心」之發用：

〔註6〕　參閱牟宗三：《名家與荀子》，頁225。
〔註7〕　《孟子》〈離婁下〉曰：「人之異於禽獸者幾希；庶民去之，君子存之，舜明於庶物，察於人倫，由仁義行，非行仁義也」，可見，「仁義」即是人之所以異於禽獸的「幾希」。
〔註8〕　《荀子》〈非相〉篇云：「人之所以爲人者，何以也？曰：以其有辨也……故人之所以爲人者，非特其二足而無毛也，以其有辨也。夫禽獸有父子而無父子之親，有牝牡而無男女之別。故人道莫不有辨」，此言荀子出於智心的思辨，充其量只可把握到，較其他一般動物更進一步之父子之親及男女之別。

何謂「統類」？統乃指具體條貫的實事，類則表事物依存的理則，而合實事與理則爲一就是「統類」。「統類」是荀子所獨發的觀念，而首先指出荀子這個觀念之重要性的，即是牟宗三先生的〈荀學大略〉。〔註 9〕牟先生謂：統由理成、理由類示，而每一類有其成類之理，是以，〈非相〉篇云：「類不悖，雖久同理」，且理即成類之根據，是故，握其理則「法教之所不及，聞見之所未至」（〈儒效〉），乃皆可以類通（即以同類之理通）。據此可知，說統由理成，亦無異於說，統由類成，而知類明統義相連貫，由於，知類而後可以明統，故統類連言而曰「知通統類」、「壹統類」。而荀子亦以「知通統類」爲大儒，〔註 10〕以「壹統類」者爲聖人，〔註 11〕可見，依事類之共理而成之「統類」觀念，在荀學中之重要性。〔註 12〕即因「統類」乃是一切事類所依據的共理，亦即是禮義法度的原理原則，是以，荀子「以智識心」之心靈型態所表現出的，就是把握共禮而言「禮義之統」。〔註 13〕

〈不苟〉篇云：「君子審後王之道而論於百王之前，若端拜而議。推
禮義之統，分是非之分，總天下之要，治海內之眾，若使一人。故
操彌約，而事彌大。五寸之矩，盡天下之方也。故君子不下室堂，
而海內之情舉積此者，則操術然也」

此言：君子所審的後王之道及所操之術，即指「禮義之統」而言。然而，爲何君子推「禮義之統」，就可分辨事理之是非而使之各當其分，總持天下政事之樞要，即能輕而易舉地治理四海之內的民眾呢？這是因爲，古今天下之事類固然紛紜繁雜，但每一事類，卻都各有其成類之理，因而，事物只要一經分類，其中便都有其脈絡可尋，而可以統類之理行於紛紜繁雜的事物之間，

〔註 9〕參閱牟宗三：《名家與荀子》頁 195～213。

〔註 10〕〈儒效〉篇云：「志安公，行安修，知通統類，如是則可謂大儒矣」。

〔註 11〕〈非十二子〉篇云：「若夫總方略，齊言行，壹統類……是聖人之不得執著，仲尼、子弓是也……則聖人之得執著，舜、禹是也」。

〔註 12〕在《荀子》書中，唯有與統相連而言或與法相對而言之類，才是與荀子思想有關的特定義之「類」。與「統」相連而言之「類」有：〈性惡〉篇：「多言則文而類，終日議其所以，言之千舉萬變，其統類一也，是聖人之知也」。而與「法」相對而言之「類」有：〈不苟〉篇：「君子…知則明通而類，愚則端慤而法」。依此可知，統與類皆由理而成；而法是具體的，類是原則性的，且類比法更高一層。

〔註 13〕荀子除於〈不苟〉篇謂：「禮義之統」外，尚於〈榮辱〉篇云：「先王之道，仁義之統」、〈樂論〉篇云：「禮樂之統，管乎人心」。依此可知，禮義之統雖是荀學的重心，但荀子仍偶有以仁義或禮樂來代稱禮義。

此即〈王制〉篇所謂:「以類行雜,以一行萬」。因此,只要「以類度類」(〈非相〉),則可「推類而不悖」(〈正名〉),舉統類而應之,就能「坐於室而見四海,處於今而論久遠」(〈解蔽〉)。即因推展禮義之統,既可處常又能應變,所以荀子說,能知統類而應變不窮者爲聖人。〔註14〕

〈勤學〉篇云:「禮者,法之大分,類之綱紀也」

這是說明:禮之理是通貫統攝一切法、類之所以成其爲法、類的根本法則。易言之,若能知通統類,亦即知通禮之理,就可作到「有法者以法行,無法者以類舉」(〈王制〉)。依上可知,荀子重視統類及禮義之統,乃是其經驗性格反映在現實物事上的最佳寫照,荀子不以「統類」與「禮義之統」,乃性分之所固具,而以其爲後天的、經驗的知識,是外在於人之理。

〈性惡〉篇云:「凡禮義者,是生於聖人之僞,非故生於人之性也……
聖人積思慮,習僞故,以生禮義而起法度,然則禮義法度者,是生
於聖人之僞,非故生於人之性也……故聖人化性而起僞,僞起而生
禮義,禮義生而制法度;然則,禮義法度者,是聖人之所生也」

可知,荀子以「禮義」是聖人之所生,但聖人之性(自然惡傾之性)既與眾人同,則聖人之僞起(積思慮、習僞故)而生禮義,就不是因爲他的先天本性,而是繫於他的後天才能,依此,人亦必須透過後天經驗的學習,方能把握住「禮義」。所以荀子說,學止於「禮」。

〈解蔽〉篇云:「故學也者,固學止之也。惡乎止之?曰:止諸至足。
曷謂至足?曰:聖也(王)。〔註15〕聖也者,盡倫者也;王也者,
盡制者也。兩盡者,足以爲天下極矣。故學者以聖王之制爲法,法
其法以求其統類,以務象效其人」

此言:聖王之所全盡之倫制,即禮義法度,且因聖王能夠盡倫盡制,全盡禮義法度,而爲天下之至極至足者,故而,學者若欲求得禮義法度之統類,就當從師於全盡禮義法度之聖王。並且,在聖王中,荀子主張「法後王」。

〈非相〉篇云:「聖王有百,吾孰法焉?曰:文久而息,節族久而絕,
官法數之有司,極禮而褫。故曰:欲觀聖王之跡,則於其粲然者矣,
後王是也。彼後王者,天下之君也;舍後王而道上古,譬之是猶舍
己之君而事人之君也。故曰:欲觀千歲,則數今日,欲知億萬,則

〔註14〕牟宗三先生謂:知統類當有二層,參閱《名家與荀子》,頁208。
〔註15〕楊倞注:或曰聖下更當有王字,誤脫耳。

審一二，欲知上世，則審周道。故曰：以近知遠，以一知萬，以微
知明，此之謂也」

荀子所說的「法後王」，即是「法」周代的文、武、周公，這是承接孔子「周
監於二代、郁郁乎文哉！吾從周」（《論語》〈八佾〉）之義而來。而荀子之所
以「法後王」，乃是因爲「文久而息，節族（謂禮樂制度）久而絕」，此與孔
子曰：「夏禮吾能言之，杞不足徵也；殷禮吾能言之，宋不足徵也；文獻不足
故也」義正相近。

〈儒效〉篇云：「言道德之求，不二後王。道過三代謂之蕩，法二後
王謂之不雅」

此言荀子法後王之根據。所謂先王之道，歷時久遠，略而難詳，這是荀子法
後王的消極理由。而後王之道，乃由百王之禮法損益累積而成，所以，欲知
先王之道，必須從後王中求，此即「百王之道，後王是也」（〈不苟〉），且荀
子所言：「以近知遠，以一知萬」（〈非相〉），亦即，子曰：「殷因於夏禮，所
損益可知也。周因於殷禮，所損益可知也。其或繼周者，雖百世可知也」（《論
語》〈爲政〉）之義。依此論述，後王之禮義法度，粲然明備，可據可徵，此
爲荀子法後王不法先王的積極理由。

此外，荀子之「統類」乃是承繼孔子，因革損益之觀念所形成的具體原
則，且是以粲然明備之後王爲根據的，而由荀子所批評孟子的「略法先王而
不知其統」（〈非十二子〉）可知，法後王而不法先王的關鍵，並不在法先王這
個原則本身，而是在荀子不法文獻之不足徵且又略而不知其統的實用性格
上。且進一步依〈儒效〉篇所言：「法後王，一制度，隆禮義而殺詩書……是
雅儒者也」、「法先王，統禮義，一制度，以淺持博，以古持今，以一持萬……
是大儒者也」，雅儒是以法後王爲始，大儒則以法先王爲始，可知荀子並非全
然不重視先王，〔註 16〕否則荀子不會言「古者先王審理以方皇周浹於天下，
動無不當也」（〈君道〉）之禮義制度必原自先王，亦不必言「不聞先王之遺言，
不知學問之大也」（〈勸學〉）之人生活動必準乎先王。據此，荀子實只基於文
化之展延過程中，廢興存亡所爲之歷史判斷，來做爲輕先王、尊後王之依準，
但由荀子之以禮義制度與人生活動，皆必依恃先王來看，今之所以視昔者，

〔註 16〕周群震先生嘗謂：吾人當以先王所示之價值理念爲宗綱，以後王所成之具體實
務爲榜樣；此因法後王即理當遙契先王，法先王即勢必攝具後王，亦即事實上
所謂之先王與後王，本是一脈流貫的。參閱周群振：《荀子思想研究》，頁 98。

亦將爲後之據以視今，則先王後王之間，不僅不得獨尊後王，且依荀子之意，於客觀理則之上，亦必以先王爲體極群倫的根源而後可。

至於，所謂「正名」，是端正人之言論思想中所用以代表客觀事物的名，而荀子的「名」，相當於邏輯的概念。荀子「正名」雖本乎孔子之正名而光大之，然孔子之正名，是針對名分或名位失當而發，荀子則是落在「名定而實辨」，如何制名用名的問題上以對治異說。此因荀子生當亂世，時值公理泯滅，人心萎靡，大道不明，是非不彰，道德混淆無所適從之際，所以，其欲撥亂而反之正，故以「正名」自認辨說爲務。前述西方哲學中，「智心」的表現重在成就知識或反省知識，而荀子所謂「智心」的運用，則主要是致力於人治方面的問題。

〈解蔽〉篇曰：「心也者，道之工宰也，道也者，治之經理也」

〈正名〉篇曰：「後王之成名，不可不察也」

〈正名〉篇曰：「故王者之制名，名定而實辨，道行而志通，則愼率民而一焉」

由荀子主張「法後王」（政治領袖）可知，政治領袖之制名，自不會只爲成就知識而制名，依此亦足證，荀子之所以制名，並不是爲成就知識，〔註17〕而是在於成就治道（道德與政治），而這也是孔子之謂修己以安人、修己以安百姓的學問，〔註18〕此於荀子論君之義亦可知。

孔子「君君臣臣」（〈顏淵〉）之說，孟子「欲爲君，盡君道」（〈梁惠王下〉）、「賊仁者謂之賊，賊義者謂之殘，殘賊之人，謂之一夫。聞誅一夫紂矣，未聞弒君也」（〈梁惠王下〉）之論，也都是本諸「正名」爲其論說之背景的。是以，荀子之「正名」，所謂名須本諸實，無實便無名之「實」，是於人君的立場上說，就是「君之德與能」。雖然，在先秦儒者中，荀子比較上是尊君的，〔註19〕但湯武革命順天應人（絕不尊暴虐人民、荼毒百姓的人君）之貴民的

〔註17〕其間雖非完全無成就知識之意義，然此只是自欲成就治道之本旨所拖帶而出者。

〔註18〕在制名以成就治道之事上，荀子只進到認知心是不夠的、不甚相應的。此因若否定了仁義内在的心，那麼價值便沒有源頭，而只能通過認知心，在霎頭之客觀禮義上建立價值。

〔註19〕依〈君道〉篇：「道者何也？曰：君道也」，又「君者，儀也，民者景也，儀正而景正。君者槃也，民者水也，槃圓而水圓。君道盂也，盂方而水方」，可知荀子之尊君，並不是沒有根據的，且在孔子謂君（雖不輕君但對君德要求很嚴）的這一點上，荀子亦是較近於孔子而遠於孟子（輕君）。

看法，則是儒家政治思想的共同見解，而荀子亦不例外。

〈王制〉篇云：「君者舟也；天之立君，以爲民也」

〈臣道〉篇云：「奪然後義，殺然後仁，上下易位然後貞。功參天地，澤被生民，夫是謂之權險之平，湯武是也」

可知，荀子亦以人民爲國家的主體，而此亦說明，荀子是不贊同君權專政。且依〈君道〉篇：「有亂君，無亂國；有治人，無治法」，以國家的治亂決定於人而不決定於法之論點，說荀子尊君是不錯的（人在政治結構及其運作上的重要性是儒者所共同肯定的），但他的尊君，並不是盲目的。亦即，基於儒家論政，是主張德治（或曰禮治）的前提，由「君者民之原也；原清則流清，原濁則流濁」（〈君道〉）來看，君之所以爲民之典型的根據，並不在權力，本質上還是德性。依此可知，荀子雖於價值根源上違離於孔子，但其學仍不失爲儒家之規範。荀子「正名」之主要目的，固是爲了成就治道，但亦仍有其實質的背景。

〈正名〉篇云：「故析辭擅作名，以亂正名，使民疑惑，人多辨訟，則謂之大姦。其罪猶爲符節度量之罪也。故其民莫敢託爲奇辭以亂正名，故其民愨；愨則易使，易使則公。其民莫敢託爲奇辭以亂正名，故壹於道法，而謹於循令矣。如是則其跡長矣。跡長功成，治之極也。是謹於守名約之功也。今聖王沒，名守慢，奇辭起，名實亂，是非之形不明，則雖守法之吏，誦數之儒，亦皆亂也。若有王者起，必將有循於舊名，有作於新名。然則所爲有名，與所緣以同異，與制名之樞要，不可不察也」

此言：荀子因面對這種聖王不作，以致姦邪之徒不遵守用名的常規，而隨意造作怪異之辭，且守法之吏徒，知法之數而不知法之義，與儒生之徒，只誦說文句而不通曉義理之名實關係混亂、是非標準不明的情況，故而提出「正名」的主張。依於荀子之立論，陳大齊先生有其相應之理解：

「把壹於道法而謹於循令，歸功於莫敢託爲奇辭以亂正名；把迹長功成，歸功於謹守名約；又把守法之吏與誦數之儒之所以亂，歸罪於名約之慢與名實之亂。他所說的名，功用之大，影響之鉅，有如是者。若從邏輯來看，概念的正確，誠極重要，思想的不正確，誠亦有許多出於概念的不正確或概念的混亂，然而除此以外，亦有出於別的原因者。然僅賴概念的正確，猶未足以保證思想的必能正

　　確。準此而論，荀子所說的名，實已超越邏輯所說概念或名言的範
　　圍，而具有更廣大的功用。」〔註20〕

由於，荀子明言，除了散名（相當於邏輯所說的概念）之外，還有屬於典章
制度的刑名、爵名、文名，所以，王者制名的目的，不只是知識層上的別同
異，還有政治教化層上的明貴賤。別同異，是為了成立正確的知識，明貴賤，
則是為了貞定價值的層位，可見，荀子「正名」實兼顧了知識與價值兩層。

　　荀子除了承繼，孔子偏重政治的倫理原則來講「正名」，復因，其所獨具
之「智心」，而開顯出「名理」的邏輯的意義。〔註21〕但畢竟荀子的用心，不
在知識之建構，因而，荀子以智者的心靈，却又未開出科學來。且由荀子對
析辭擅作名以亂正名之徒，稱之為大姦來看，可見〈正名〉篇，是有其特定
之批評對象的，是以，他揭示三標（所為有名、所緣以同異、制名之樞要）
以對治三惑（用名亂名，用實亂名，用名亂實）。此外，荀子亦認為「名」乃
約定而俗成。

　　〈正名〉篇云：「凡邪說僻言之離正道而擅作者，無不類於三惑」

　　〈正名〉篇云：「辨（即辯）說也者，不異實名以喻動靜之道也」

因不得已而辯說，可見真正的辯說，就是運用實指相同之名，以闡明是非之
理。只是，辯說的根據又是什麼呢？

　　〈正名〉篇云：「辯說也者，心之象道也……心合於道，說合於新，

　　辭合於說……辨異而不過，推類而不悖。聽則合文，辯則盡故」

此言：辯說的根據在於，心須合於道，而必如此，乃能確知正道之所以為正，
姦道之所以為姦，而說其所以然之故。〔註22〕然辯說亦不能無規則，所以，
荀子以「辯而不爭」（〈不苟〉），而為辯說的消極原則，以「以仁心說，以學
心聽，以公心辯」（〈正名〉）〔註23〕則為辯說的積極態度。

　　依上所述，荀子所謂「統類」（禮義之統）與「法後王」，及由「正名」
而成就之治道及尚辯說，是逐步推進而縣密周詳的，已高度發揮荀子之推論

〔註20〕語出陳大齊：《荀子學說》，頁 121。

〔註21〕就文化心靈（正名之為政治倫理）而言，荀子較西方學者為博厚深弘，但就
　　　　科學心靈（正名之為名理邏輯）而言，荀子實只肇其端，而並未如西方學者
　　　　之能充分作出也。

〔註22〕陳大齊先生亦以「象道」與「盡故」為辯說之二大任務。參閱陳大齊：《荀子
　　　　學說》，頁 88。

〔註23〕關此說明，參閱牟宗三：《名家與荀子》，頁 273～277。

方法及思辯能力，此是其開啟「以智識心」學問理路，所獨具之巧思的充分展現。然此主張後天經驗之學理，是否即能「化性起偽」，而保證人人皆有必然地作道德實踐之可能？

五、塗之人可以為禹

由於，〈性惡〉篇開宗明義即謂：「人之性惡，其善者偽也」，所以，無論是何人之「性」，其實都是一樣地惡。

〈非相〉篇云：「飢而欲食，寒而欲煖，勞而欲息，好利而惡害，是人之所生而有也，是無待而然者也，是禹桀之所同也」

可知，即使是禹桀，其「性」亦與一般人無以異。既然如此，何以現實上仍有聖凡之別，且荀子亦言：「塗之人可以為禹」（〈性惡〉）呢？

〈性惡〉篇云：「故聖人之……所以異而過眾者，偽也」

〈性惡〉篇云：「故聖人者，人之所積而致矣」

荀子以為現實上之所以有聖凡之別，乃因聖人能夠「積善而全盡」（〈儒效〉）之故。

〈榮辱〉篇云：「堯禹者非生而具者也，夫起於變故，成乎修修之為，待盡而後備者也」

然則，又須積何「修修之為」呢？〈儒效〉篇云：「積禮義而為君子」。可知，聖賢人格並非由天生成，而是通過修養所積而致。因而，人只要能夠全盡「禮義」，莫不可以為聖人。

依荀子，作道德實踐之修養以成聖的依據，是在哪裡呢？所謂塗之人可以為禹，乃是由於塗之人，皆有可以「知」仁義法正之「質」，可以「能」仁義法正之「具」，而仁義法正是成於聖人之偽，且人之知仁義法正之事，是人主觀之心具有認知之特性，且客觀之仁義法正具有可被認知之理。亦即，主客對待始有認知，因此，主觀面說的「心」，及客觀面所說的「禮義」，就是荀子所謂超凡入聖之依據。而由認知心以認知仁義法正，而後繼以實行仁義法正，這可說是「以知主行」，易言之，荀子為學的入路是「以智成德」的。但因荀子以道德實踐的原動力（亦即依據），只是一個純屬作用意義的認知性，所以，荀子乃以禹之所以為聖，或塗之人所以得而為禹，是因為通過認知性，以知那可知的仁義法正（禮義）之故。

依此，可知荀子以「認知心」與仁義法正，來保證道德實踐之修養是必

然的，這個論據是不充盡、不圓滿的。此因「認知心」本身，乃是須借外物或他力來完成自己，不能單靠自己作任何是非價值之判斷的存在，〔註24〕而助成「認知心」之是非與價值判斷的「禮義」，又是須經認知學習之客觀而外在之存在，故而，自荀子所揭示之道德實踐必循客觀的標準來看，其所說的道德是「他律道德」。而由孟子於〈離婁上〉謂舜是：「由仁義行，非行仁義也」可知，孟子由擴充先天之善性，而說人皆可以為堯舜，這就是直道而行的「自律道德」，亦即是說，孟子是「由仁義行」；而由荀子所謂之德行善性，乃非先天固有，因而不能說擴充，只能較曲折地，先通過認知後才能踐行，依此可說，「行仁義」就是荀子的為學路數。

通過上述之解析，可知荀子之基本性格，乃崇人為、尚經驗、重實用，是以，可謂其「通體為知性主體之表現」。〔註25〕而儒家之學，是以內聖為本質，以外王表功能的。〔註26〕所謂「內聖成德之學」是以成聖成賢為目標，儒家認為，人人都可成聖賢，都可以通過道德實踐完成德性人格，因此，內聖學之義蘊，就都主要集中於本體（追問道德實踐所以可能之超越的、客觀的根據）與工夫（追問道德實踐所以可能之內在的、主觀的根據）這兩個問題上。重視工夫，固然是滿足實踐的要求，而討論本體，亦不純粹是理論的興趣，而仍是為了滿足實踐的要求，因而，這是儒家學問的一大特色。儒家談本體含有超越義（超越地說的本體，是即體即用，能自起創造生化的形上實體）與內在義（內在地說的性體，是由超越而內在化，下貫而為人之天心仁體），而超越與內在兩面，又是通而為一的。人人有此既超越又內在的本體，則人人皆可成聖賢，而這個本體就是道德實踐所以可能之超越的、客觀的根據。而儒家言工夫的目的，則是為了體證本體，使本體通過工夫而呈顯起用，因而，儒家重視實踐工夫的問題，就是為了要建立道德實踐所以可能之內在的、主觀的根據。如此即本體即工夫，即工夫即本體，承體起用，即用見體，「內聖成德之學」才算達到通透圓熟的境地。依此可知，荀子在默契儒家所謂形上實體方面，實不高妙，且由於本體挺立不住，便不能自覺、自主、自律、自定方向，自發命令地來好善惡、為善去惡，是以，只好自修養工夫上自行作補救。因此，若自儒家學問之重實踐的意義來看，荀子誠能把握得住，

〔註24〕 參閱周群振：《荀子思想研究》，頁135。
〔註25〕 語出牟宗三：《歷史哲學》〈第二部〉，第二章，第三節。
〔註26〕 參閱蔡仁厚：《新儒家的精神方向》，頁96〜100。

儘管其據以立內聖學之大本，在根源處不合儒學之原意，但荀子著重爲學成聖、講道德實踐，實乃稟承自儒學之精神，而別有所述者。

第二節　外王之客觀精神

儒家講外王，是內聖的延伸，內聖一定要通向外王，此因內在的道德心性，不但要求立己成己，同時，亦要求立人成物，所以，一定要往外通，通向民族國家、歷史文化，且要聯屬家國天下而爲一體。荀子雖不主張內在的道德心性，但他亦能相應於儒家，而以隆禮知類爲外王事功之學，極言經國定分以成就治道。即以三大面向，分別說明荀學表現在外王方面的客觀精神：

一、隆禮義而殺詩書

〈勸學〉篇云：「不道禮憲，以詩書爲之，譬之猶以指測河也，以戈舂黍也，以錐餐壺也，不可以得之矣。故隆禮，雖未明，法士也；不隆禮，雖察辯，散儒也」

〈勸學〉篇云：「上不能好其人，下不能隆禮，安特將學雜志、順詩書而已耳；則末世窮年不免爲陋儒而已」

依此可知，荀子言「隆禮義而殺詩書」（〈儒效〉）之義；所謂殺，乃卑抑，不可過於重視之意。孔子初以詩書禮樂教人，二面兼備，無所偏倚，但荀子則以「詩書故而不切」（〈勸學〉），而不足語於堅成，因而，〈非十二子〉篇即以「聞見雜博」「不知其統」來評議孟子，且謂欲博而有統，就須至乎禮。依於荀子如此之生命基調，牟宗三先生有言：

「誠樸篤實之人常用智而重理，喜秩序，愛穩重，厚重少文，剛強而義，而悱惻之感，超脫之悟，則不足。其隆禮義而殺詩書，有以也夫……孟子由四端之心而悟良知良能，而主仁義內在，正由具體的悱惻之情而深悟天心天理之爲宇宙人生之大本也……孟子敦詩書而言性善，是向深處悟，向高處提；荀子隆禮義而殺詩書，則是向廣處轉，向外面推。一在內聖，一在外王。」〔註27〕

可見，孟子講仁政王道，他的精神器識自然足以籠罩外王，而孟子學的核心，畢竟是落在內聖之本，不過，荀子則是承繼孔子外王之禮憲而發展，其所注

〔註27〕語出牟宗三：《名家與荀子》，頁199。

目的乃是「總天下之要，治海內之眾」（〈不苟〉）之治道問題。因此，荀子對於孔子之禮憲，其感受之深切，實遠過於對孔子仁教之契會。其次，孟子「仁義」連言（義是內在的），荀子則「禮義」連言（義是客觀外在的）。隆禮義是荀子所透顯的精神方向，因而著重政治社會方面的效用；講仁義則是孟子所特重的義理方針，因而強調修養成德方面的問題。是故，荀子不取孟子內轉之路，而要求向外開展，此仍是儒學原本應走的路。

荀子說的「禮」，乃是一切規範的總稱。〔註 28〕就本質義說，「禮」不僅是行為的規範，亦且是思想言論的是非標準。

〈修身〉篇云：「禮者，所以正身也」

且就形式義說；禮不僅是治國的規範，而亦是政治措施的依據。

〈王霸〉篇云：「國無禮則不正，禮，所以正國也」

〈修身〉篇云：「人無禮則不生，事無禮則不成，國家無禮則不寧」

荀子所謂「禮」，實賅「人道之極」（〈禮論〉）與「治辨之極」（〈議兵〉）為一之極則。而「禮」之為極則，顯其義用必廣大而悉備。

〈君道〉篇云：「古者先王審禮以方皇周挾於天下，動無不當也……
血氣平和，志意廣大，仁義塞於天地之間，仁知之極也。夫是之謂
聖人，審之禮也」

此言：「禮」說到窮處，便是極用無方，荀子批評諸子，亦是以此為根據的。但「禮」之所以為「禮」不能只寄意於客觀而外在之存在，而必在本質上具有涵蓋一切的超越意義。此因荀子本以繼承孔子所開創的儒學自命，所以定然有其實現道德理想的要求，而此實現道德理想之要求的根據，就荀子的思路而言，既不能從沒有道德意志的天行中去求得，又無法自只具認知及生而有惡傾之心性上去獲取，於是，就只有建立在綱紀人倫的禮義上了。而〈大略〉篇及〈禮論〉篇皆謂：「禮者，本末相順，終始相應」，此亦說明了「禮」之相順相應（條理或脈絡貫通）的自我實現，即彰顯了「禮」在人生宇宙中所具之絕對意義。然此「禮」之為超越的本質，並不能算為自覺的，因那畢竟只在講求功效的用心下，為凸顯「禮」之絕對地位所勉強透出的，〔註 29〕易言之，在荀子思想體系中，「禮」必是個客觀定然之存在。

〔註 28〕參閱《中國文化月刊》第五九期，蔡仁厚：〈禮與法的層位及其效用〉一文。
　　　　及陳大齊：《荀子學說》，頁 140。
〔註 29〕參閱周群振：《荀子思想研究》，頁 89 及頁 76～79。

　　至於，荀子所說的「義」，據〈大略篇〉云：「義、禮也，故行」，可知「義」與「禮」具有同樣的功用，因而，荀子有時單言「禮」，有時「禮義」連言，但在意指上並無殊別。

　　〈王制〉篇云：「故序四時，裁萬物，兼利天下，無它故焉，得之分義也」

　　〈疆國〉篇云：「內外上下節者，義之情也」

由此看來，「義」並無獨立的特性，其總是附屬於各個具有特性的物事背後，以成就其價值意義。而節制是義用，此能成其節制之義用，就是禮。是以，〈致士〉篇云：「禮者、節之準也」，可知「禮義」關係之密切，故而，荀子依此而言禮義之統。

　　荀子雖然正視禮義之統，但依其對於「天」的觀念，是植基於經驗的、實然的立場來看，人對超越的所以然之理，是不能知的。〔註30〕因而也就是說，心知道的道便不能是不可知的、超越的所以然之理，而應是可知的天之理，即自然現象所表現出來的法象儀則（以自然現象說天，則天之所以爲天便毫無義蘊可言）；而這可知的法象儀，則應是荀子所重之禮儀法度的根源。〔註31〕所以，在荀子以自然現象之理，作爲禮義法度之根本的理論系統中，其價值根源最後是落在心性之外的自然（包括自然現象及人生活動）上，這很明顯的是「以知成德」理路下的「他律道德」，亦即，是孟子所評斥的義外〔註32〕之論。

――――――――――

〔註30〕在荀子，對於物之超越的所以然之理（存在之理），並非採取完全否定的態度，而只是存而不論。因物既是如此之存在，自然有其超越的所以然之理，自然有天職天功（天的自然現象是可見可知的，亦是荀子要求知的，但天究竟如何成就此自然現象，則是人所不得而知的，亦是荀子不求知的）以實現一切，成就一切存在。是以，荀子摒棄傳統，認爲天有人格、意志、道德等義，而主不求被治之天，所謂「大巧在所不爲，大智在所不慮」（〈天論〉），其根本用心，是在能治之人治上，即人須盡其人爲之職份，而不可錯人而思天，否則必失萬物之情而自招禍害。

〔註31〕參閱楊祖漢：《儒學與康德的道德哲學》，頁155～159。

〔註32〕孟子認爲，人若自覺到此行爲是該行而行，而完全出自我要求且不計利害地去做，此時的我是自發命令、自訂方向，自主地作行爲活動者，故是自律的。因此，只有自律的行爲活動，方具有普遍有效性及有其眞正的道德價值，這就是孟子所說的「義內」。而告子所說的「義外」，則是相對於「義內」而言，主張以客觀事實或對象爲判斷之根據。關此，參閱楊祖漢〈孟子與告子義內義外之辯論〉《華岡文科學報》，第16期。

其次，由於荀子所說知天的「知」，是認知義的知，此知只能知天地變化、四時代運之自然，而不能「知」超越義的天理天道。因而，依荀子，禮義法度所由生之根源，便只能落在可被認知的自然上。所以，雖謂荀子之禮義法度的價值根源，最後是落在外在可見之自然，但仍須有人心之思考建構，方可成就此「禮義」。換言之，荀子是繞到外面去尋求禮義之根源，以心「知」自然而得其理，其間雖須經心之認知攝取的作用，方成為「禮義」所依據之道或理，但此道仍只是通過心之認知而攝取，外在於人的自然之道、自然之理，亦即，此認知橫攝的心，與經此心建構而後成之禮義法度之理，其二者間的關係，是認知攝取之關係。心依理而制作之，理在心之外，故價值根源終成外在。

依上論述，可知荀子所隆之「禮義」，實無超越的價值根源，所以，牟宗三先生謂：「荀子只知君師能造禮義，庶人能習禮義，而不知能造能習禮義之心，即是禮義之所從出也。荀子心思一往不返，故其誠樸篤實之心，只表現而為理智的廣被，而於重要關節處轉不過……孟子善詩書，詩言志、書記事，皆具體者也……詩可以興、書可以鑑……志力專精，耳目爽朗之人，則正由詩書之具體而起俳惻之感、超脫之悟，因而直至達道之本、大化之源……荀子不解孟子，亦正其無可奈何處，以其高明不足故也」，〔註33〕此言誠可謂精深矣。

二、知統類而一制度

〈儒效〉篇云：「法後王，一制度，隆禮義而殺詩書；其言行已有大
　　法矣然而明不能齊法教之所不及，聞見之所未至，則知不能類也」
此言：雅儒的修養，在於法後王、一制度，以及，隆禮義而殺詩書，而此盡皆以明類為目的。所以，荀子以為「法先王（楊倞注謂當為後王），統禮義，一制度」，即可「以淺持博，以古持今，以一持萬」（以上所引皆〈儒效〉語）。也就是說，若能本後王之禮義以調一制度，那麼，以淺近即可推知博大，以今世法度即可推知前世法度，以一理即可推知萬殊。

依此可見，荀子之質實表現而為「知統類而一制度」之心靈，是須要不斷地作工夫修養方可達到的，尤其，是身為「管分之樞要」（〈富國〉）的人君，更須要能夠掌握統類之理，以調一制度，善禁令，總方略，齊言行，則即使

〔註33〕語出牟宗三：《名家與荀子》，頁199。

是「五寸之矩」，亦可「盡天下之方」（〈不苟〉）。

三、治辨、明分、能羣

隆禮義、知統類，是荀子所透顯的精神方向，而隆禮知類以經國定分，則是爲了成就治道，亦即，爲化成天下，完成外王之治，則須將禮義之統，落實於現實的政治社會中，而辨、分、群即是禮義之統形諸於外，所顯發之作用與功能。即以人之所以爲人的幾項特點，解析荀子治辨、明分、能羣之意義：

1. 治　辨

〈非相〉篇云：「人之所以爲人者何以也？曰：以其有辨也」，牟宗三先生謂：以其有辨的辨，指別異定分言，不作思辨解。〔註34〕而荀子既以禮義爲治國之大道，所以，特將別異定分之辨與治，合成治辨。

> 〈君道〉篇云：「聖王財衍以明辨異，上以飾賢良而明貴賤，下以飾長幼而明親疏。上在王公之朝，下在百姓之家，天下曉然皆知其所以爲異也，將以明分達治而保萬世也」

依此，可知辨與治道相通。

> 〈王霸〉篇云：「天下莫不平均，莫不治辨，是百王之所同，禮法之大分也」

> 〈儒效〉篇云：「分不亂於上，能不窮於下，治辨之極也」

> 〈議兵〉篇云：「禮者，治辨之極」

上引三處之治辨，也都是別異定分之義。而別異定分，正是「禮」的基本精神，是以，〈樂論〉篇云：「樂合同，禮別異」。可見治辨即通向「禮」。

2. 明　分

治辨的目的，就是爲了明分。

> 〈王霸〉篇云：「治國者，分已定，則主相臣下百吏，各謹所聞……百姓莫敢不敬分安制」

明分而後，方能推禮義之統以善群。

> 〈富國〉篇云：「人之生不能無群，群而無分則爭，爭則亂，亂則窮矣。故無分者，人之大害也；有分者，人之大利也」

〔註34〕參閱牟宗三：《名家與荀子》，頁204。

〈非相篇〉云：「故人道莫不有辨。辨莫大於分，分莫大於禮」
依上可知，人之有分，亦通於禮。

3. 能　群

〈非相〉篇云：「力不若牛，走不若馬，而牛馬爲用，何也？曰：人能群，彼不能群也」，可見荀子以能群爲人類之特色。

〈王制〉篇云：「君者，善群也」

〈君道〉篇云：「君者，何也？曰：能群也」

〈王制〉篇云：「群道當，則萬物皆得其宜，六畜皆得其長，群生皆
　　得其命」

而此即言（君子）理天地之道在善群，而善群之道則在禮義。

由以上之闡述，可知治辨、明分、能群之現實活動，實乃出自人之強烈要求，以禮爲治的客觀意識下所逼顯出來的。〔註35〕牟宗三先生曾贊揚荀子：「其莊嚴穩定，足爲外王之極致，於中國文化史上，蓋無與倫匹也」，〔註36〕此亦是揭櫫，治道並不僅僅是聖君賢相之德慧的圓用，或惻怛之悲懷。儒家論政，喜標示堯舜爲政之理想，實則，欲綱範人群，貞定天下，力濟眾生，就必須有具體之禮義法度以爲軌道，始足以言眞正之治道。而荀子之隆禮義而殺詩書、知統類而一制度、重治辨明分能群等義，其終極之旨，就在於體現禮義之統，以成就治道於實質。

〔註35〕參閱周群振：《荀子思想研究》，頁 14～15。
〔註36〕語出牟宗三：《名家與荀子》，頁 200。

第二章　荀子教育哲學的理論基礎

　　荀子乃繼孔孟之後的儒家大師，生於戰國末年。由於，立身於禮壞樂崩，價值規範解體，時代精神墮落，文化理想闇然不彰的物量〔註1〕時代，所以，荀子欲以其誠樸篤實〔註2〕的氣質性向，來面對及處理當時代的種種問題。研究荀學之目的，是要在恣任物質生命泛濫的物量精神之外，為人類另一層的理性生命，開拓一條明正的坦途。然自先秦儒學的傳承來看，荀子的思想，是由孔孟之主體精神、天地精神，轉向客觀化精神之發展的錯落起點。〔註3〕荀子以此客觀精神，表現於現實的人生旅程，於是而有尊禮貴義、知通統類、積學成聖等義理；表現於實際的政治舞台，於是而有隆禮明分、正明定分、辨治群倫等意涵。由是可知，荀子不但別立內聖之大本，使得生命能夠有所安頓，亦對外王之大綱給予規定，得使生命能夠有所風發，事實上，依荀子所呈顯出的儒家生命型態之時代感、道德感與使命感，是相當強烈且凸出的。而本書所側重的，是內聖學方面的探討，也就是教育哲學所依恃之成德理論，試圖彰顯荀學所賦予時代之內涵意義及其價值精采。

第一節　荀子論「性惡」

　　中國先儒中，最先正式論及人性問題的，就是孔子。子曰：「性相近也，習

〔註1〕　參閱牟宗三：《道德的理想主義》，頁233。
〔註2〕　參閱牟宗三：《名家與荀子》，頁199。
〔註3〕　主體精神、天地精神、客觀精神，是依據牟宗三：《名家與荀子》一書中，頁218的用法。

相遠也」(《論語》〈陽貨〉篇),可知孔子只說到,人的本性是相近的,後因環境之習染,而漸相去甚遠,是以,孔子並未明說,人的本性是善還是惡的。孔子之後,孟子繼起而主張人性本善。直至荀子,雖謂其基本的義理精神,仍不脫儒家道德思想的精蘊,但由於荀子本身之性格才情,而使得無論是性、心、天等各方面的基本論點,皆存在著與孔孟所揭櫫者,有其顯著的不同。

　　首先,荀子於論及「性」義的理解時,即偏向與孟子有過激烈對辯之告子說性的類似看法。在《孟子》〈告子上〉篇所載孟告之論辯中,可清楚地歸納出,告子言性之義:「生之謂性」、「食色,性也」、「性猶杞柳也」、「性猶湍水也,……猶水之無分於東西也」。依上述引文看來,告子所謂的「性」,乃是指向無善無不善的中性義之性。其以杞柳喻性,就是以自然材質的觀點來瞭解性,而由此材質義的性本身,並無自主的決定作用,所以,人之或善或惡,實乃完全取決於後天之人爲。告子亦以食色喻性,有以人所先天本有之生理上的自然本能欲望言性之意。而告子所依以論性的基本主張,其實就是後來荀子,及其他以氣言性之流派,奉爲言性之總綱領的「生之謂性」,亦即是實際上有別於孟子,而總賅中性說、性惡說、性可以爲善可以爲不善、有性善有性不善、善惡混及性三品等,而爲一說性或理解性的原則。〔註4〕由於,「生之謂性」只是一說性或理解性的原則,而不是性的定義(亦即只意謂著由生來說性,而此並不表示生就是性〔註5〕),所以,「生之謂性」一義,最恰當的詮釋是:就其自然生命或個體存在而說其性,也就是「如其生之自然之質謂之性〔註6〕」,而此自然之質,是生而即有,且於個體成其爲具體的存在後,所表現於經驗中者,如:好色好利、飢欲食、耳辯聲等。以是之故,「生之謂性」即是以一個個體生命之始成,所生而本有〔註7〕之一切自然性質或徵象爲性的。〔註8〕

　　順告子此一「生之謂性」的說性原則,「性」所表示出的,是一「生之理」(即生之所以然),且可依此理來抒表或形構個體生命的一切自然性質或

〔註4〕參閱牟宗三:《心體與性體》〈第二冊〉,頁148～149。或牟宗三:《圓善論》,頁5～6。
〔註5〕此言告子並非直就個體生命之存在以爲之性,而是以個體生命之存在爲其進路,而來瞭解人性。所以,個體生命之存在,並不等同於性。
〔註6〕語出牟宗三:《心體與性體》〈第二冊〉,頁157。
〔註7〕此處的「生而本有」,與孟子所言的「固有」不同,詳見牟宗三:《圓善論》,頁5～6。
〔註8〕參閱何淑靜:《孟荀道德實踐理論之研究》,頁146～153。

徵象，因而，依牟宗三先生對於言性之不同進路所作的區來看，告子尅就生所言的性，乃屬「形構之理」的氣性。〔註9〕而告子此一順「氣」而言「性」的路數，〔註10〕正是荀子言「性」所依循的理論根源，亦爲孔子之後二類論「性」的理路之一。〔註11〕以下即區分二大面向，進一步探討荀子論「性」的意義：

一、荀子對於「性」義的界說

　　荀子所理解的「性」，含有質樸、生就、自然等義，而此三義乃順「生之謂性」此一理路所帶出者。〔註12〕

　　〈禮論〉篇云：「性者，本始材朴也」

荀子就「本始材朴」說「性」，此同告子是以性爲中性義的原始素材，只是一包含一切「自然」性質與徵象的實然存在。換言之，荀子此言，即以個體生命之始成時，所本具之自然材質爲性，所以，性之爲善或爲惡，乃是有賴於後天人爲之施作。

　　〈性惡〉篇云：「凡性者，天之就也，不可學，不可事」

荀子以「天之就也，不可學，不可事」來規定性，意表「性」是天之成，是天生自然，且不須努力學習即能擁有的。據字面上看，似乎「天」有超越的形上意義，而爲「性」之存在根源，實則，透過荀子對「天」的瞭解而可確定，〔註13〕「天」只代表自然現象，是用來客觀地描述「性是自然而有之『經驗』中的實然存在」之虛詞。雖謂「性」乃「天」所成，但此成是自然地成，並無上下異層之生起或生成之意，亦即，「性」與「天」二者的關係是平面的，就如同「性」與「自然」的關係。

　　〈正名〉篇云：「生之所以然者謂之性；性之和所生，精合感應，不
　　事而自然謂之性」

荀子是由「生之所以然」來瞭解「性」。所謂「生之所以然」，即乃「性之和」之意，換言之，即由自然生命之絪縕，所生發出之不待學習就自然而如此之

〔註9〕參閱牟宗三：《心體與性體》〈第一冊〉，頁87～89。
〔註10〕有關氣性之特徵，參閱牟宗三：《才性與玄理》，頁1～8。
〔註11〕屬告子「生之謂性」之順氣而言性者，如荀子、董仲舒。另一類則以依理言性的孟子爲代表。
〔註12〕參閱牟宗三：《才性與玄理》，頁2～3。
〔註13〕參閱本書第二章第三節。

性質或徵象，包括一切的生物本能、生理欲望、心理情緒等，總之即叫做「性」，也就是前言「生之謂性」（以個體生命之始成，所生而本有之一切自然性質或徵象而爲性，簡言之，即以生而自然如此者爲性）之意。而由此個體生命之自然性質或徵象，所說的生之所以然之「所以然」，徐復觀先生持人性論之發展，說明此是自孔子以後，即進至形上層次來論性之看法，而以荀子「生之所以然」所瞭解的「性」，應（推論的應該）具有形上的含義，亦即，荀子應有以「生之所以然」就是生命存在的根據之意，否則，「所以然」三字，將於義無著。〔註14〕

然則，荀子論「性」，究有無形上之意指，牟宗三先生解析道：〔註15〕言「性」之「所以然」有二義；一是形上之超越層次的「所以然」，此具「超越根據」義；另一則爲形下之經驗層次的「所以然」，此是「自然」義。而自孔子之後論「性」，就大別爲二類理路：一是以孟子爲代表，由形上超越的層次來說性，將「性」視爲「存在的所以然之理」，亦即「存在之理」或「實現之理」；另一則以告子、荀子、董仲舒爲代表，自形下經驗的層次來瞭解性，將「性」視爲抒表或形構個體生命之一切自然性或徵象的「形構之理」。

依此可知，荀子是立於「自然」的觀點而言「性」，且其所謂「所以然」，乃經驗的、客觀的表象之「然」，是「自然而然、自然如此」的意思，因而，並未含有形上的意義，更不作超越的根據解讀。〔註16〕

綜合上述三則引文看來，荀子所謂「性」，是指內在於個體存在之自然生命的「自然材質或自然徵象」。是以，依〈禮論〉篇云：「性者，本始材朴也」，及〈正名〉篇云：「生之所以然者謂之性；性之和所生，精合感應，不事而自然爲之性」，可知荀子所瞭解的「性」，是內在於自然生命中，且與自然生命是同質者（性即自然），並且，自〈性惡〉篇云：「凡性者，天之就也，不可學，不可事」中，亦可知荀子所說的「性」，是與自然爲同一經驗層之存在（亦即性與自然同是經驗層次的存在）。凡此皆呈顯出，荀子所言之「性」，實乃「內在於自然生命中且與自然生命同質同層之自然材質或自然徵象」。

〔註14〕參閱徐復觀：《中國人性論史》〈先秦篇〉，頁232～233。及何淑靜先生對此之批評，見《孟荀道德實踐理論之研究》，頁37～38。

〔註15〕參閱牟宗三：《心體與性體》〈第一冊〉，頁87～91。

〔註16〕此理解來自於荀子對天的瞭解；因荀子所謂的「天」，只是一「自然的經驗現象」，而「性」既由天成（「性者，天之就也」），所以，「性」亦只是「自然」。

二、荀子所謂「性」義的內容

　　荀子所謂自然材質與自然徵象之實指，就是生理欲望、心理情緒、感官本能等言「性」之內容。

> 〈榮辱〉篇云：「凡人有所一同：飢而欲食，寒而欲煖，勞而欲息，好利而惡害，是人之所生而有也，是無待而然者也，是禹桀之所同也。目辨白黑美惡，耳辨聲音清濁，口辨酸鹹甘苦，鼻辨芬芳腥臊，骨體膚理辨寒暑疾養，是又人之所常生而有也，是無待而然者也，是禹桀之所同也。」

由此可以很明白地看出，荀子是自飢欲食，寒欲暖，勞欲息等生理欲望；好利而惡害之心理情緒；及耳目鼻口之辨聲色臭味、骨體膚理之辨寒暑疾癢等感官本能，來定義「性」之內容的。荀子如此說「性」，等同於告子乃就天生本有之生理欲望、心理情緒、感官本能，以言人性之內容，而此無異是說，人性的內容即動物性之實在。

> 〈性惡〉篇云：「凡人之性者，堯舜之與桀跖，其性一也；君子之與小人，其性一也」

> 〈性惡〉篇云：「聖人之所以同於眾，其不異於眾者，性也」

> 〈榮辱〉篇云：「材性知能，君子小人一也」

可見荀子所說的性及其內容，不但是與生俱來，而且，還具有絕對之普遍性。
〔註17〕換言之，不論是論性或性之內容，荀子皆反覆強調，豈唯禹桀、聖凡、君子小人之所同，亦為人禽幾所同（荀子以有辨、有義、能群為人禽之區分所在）。套用徐復觀先生的一句話：荀子順告子「生之謂性」一路所謂之「性」，是「在經驗中可以直接把握得到的」，〔註18〕是以，人性之有欲好色，此自與動物無以異，不特人與動物一同，抑且，猶有過之。因此，依循荀子透過觀察，歸納經驗界中的萬事萬物，所言之人性論的歸結，可知「性」乃是自然而有，且為人人不異之經驗層次內的實然存在，而其內容，即人與其他動物亦無太大區別。〔註19〕綜此，就荀子對於性及其內容都只顯示出自然存在

〔註17〕若性惡說必須成立，則人性即應是相同而不相異；此因人性若有不同，則人性中就會同時出現善惡。

〔註18〕語出徐復觀：《中國人性論史》〈先秦篇〉，頁233。

〔註19〕〈正名〉篇曰：「有欲無欲，累類也……欲之多寡，異類也」，此言荀子乃以「性」的內容，是因「類」而有異的。依此可知，荀子是以人在成為一個個

之事實看來，不但沒有道德之意義與價值可言，更無形上的超越的實指可說。正因荀學之性格，是植基於如此經驗的態度上，因而，其以自然情欲言「性」的結果，當然較易流於惡了。事實上，荀子亦視性、情、欲為一體之三面。

〈正名〉篇云：「性者，天之就也。情者，性之質也。欲者，情之應也」

此言：「性」是成於先天之自然，而「情」是性本質，「欲」則是情的感應。因而，說有生命就有欲望，且天性情欲一路等同貫串下來，「天」實未有超越的價值意義。

〈正名〉篇云：「以所欲為可得而求之，情之所不必免也……故雖為守門欲不可去，性之具也」

這是說明，欲望乃與生俱來，而且，人總希望自己的欲望，能夠得到滿足，所以，不斷地追求欲望之滿足，是人情所不能免。即使賤為守門，亦無法去掉欲望的，既然自己不能除去欲望，那麼，是否可借重他力呢？

〈大略〉篇云：「雖堯舜不能去民之欲利」

在荀子看來，人永遠是在追求滿足，而與欲望脫不了關係的。依此可知，荀子「性」論的特色，乃是「以欲為性」。〔註20〕而荀子既以自然欲求來規定性義的內容，所以，「性」自是惡的；此因順自然生命的欲求說下去，當然不見有善，而只見其惡；再加上荀子是以動物性來界定「性」的，因此，更容易顯出，「性」很自然地便會趨向於惡。

但是，以一個儒者之淑世胸襟而言，荀子當然不希望人們安於此一性惡的現實狀態、自然存在，並且，由於他意識到，於此形下的、經驗的層次而言「性」之有所不足，故而，基於儒家一貫之道德實踐的立場，他必求有以扭轉之。植基於此，荀學真正的目的，是在於凸顯主觀面的「心」論，及客觀面的「禮義」之統，而其「性惡」說的基本主張，亦無非是想要人們，須提高警覺而勉於為善。

體生命存在之始，即與其他類（即其他動物）之存在有所不同，而此不同，就是人性之內容不即等同於其他類性之內容的緣故。而綜觀荀子「性」論所取之進路，其以人性之內容是不同於其他類性之內容，乃是自「生之謂性」原則下平面地看的不同，亦即，是由自然層次所說的，人性與動物性之內容的不同。是以，荀子有此類概念之區別，只有助於知識上的劃類，仍是無法凸顯人性之異於其他動物之地位與價值的。

〔註20〕語出徐復觀：《中國人性論史》〈先秦篇〉，頁234。

第二節　荀子論「認知心」

依荀子論「性」的意義來看，所謂「性惡」，是指順性而無節。亦即，自然情欲之性本身，原是無所謂善惡的，人性所以是惡的，乃因人任順此自然情欲而行的結果。故而，荀子既以經驗觀察、自然天生等實然角度，來界說性義及其內容，那麼，去惡成善的關鍵與道德實踐之所以可能的依據，就落在於「心」了。然而，荀子所謂「心」，究有何意指呢？歸納比較荀子之「心論」，可有「心就是性」與「心不是性」這兩層意涵。

一、「心就是性」

〈正名〉篇云：「何緣而以同異？曰：緣天官。凡同類同情者，其天官之意物也同。故比方之疑似而通，是所以共其約名以相期也。形體、色理以目異；聲音清濁、調竽、奇聲以耳異；甘、苦、鹹、淡、辛、酸、奇味以口異；香、臭、芬、鬱、腥、臊、漏庮、奇臭以鼻異；疾、癢、凔、熱、滑、鈹、輕、重以形體異；說、故、喜、怒、哀、樂、愛、惡、欲以心異。心有徵知。徵知，則緣耳而知聲可也，緣目而知形可也。然而徵知必將待天官之當簿其類，然後可也」

由這則引文中可知，荀子以耳鼻口形「心」為「天官」。而據前引「性者，天之就也」（〈正名〉篇）及「生之所以然者謂之性」（〈正名〉篇），「性」乃是人生而即自然有的涵義來看，荀子以「心」為「天官」，即意表「心」亦是人生而自然有的。依此，便能夠肯定，在荀子思想體系中，有「心就是性」這一層的意涵。

〈性惡〉篇云：「今人之性，生而有好利焉」

〈性惡〉篇云：「若夫目好色，耳好聽，口好味，心好利，骨體膚理好愉佚，是皆生於人之情性者也；感而自然，不待事而後生之者也」

〈王霸〉篇云：「夫人之情，目欲綦色，耳欲綦聲，口欲綦味，鼻欲綦臭，心欲綦佚。此五綦者，人情之所必不免也」

依上可知，「心」同「性」是好利好安逸（愉佚）的。

〈解蔽〉篇云：「人生而有知……心生而有知」

〈解蔽〉篇云：「凡以知人之性也；可以知物之理也」

〈榮辱〉篇云：「材性知能，君子小人一也，好榮惡辱，好利惡害，

　　　　是君子小人之所同也；若其所以求之之道，則異矣」

由「人生而有知」及「凡以知人之性也」來看，「知」當是人生而即有的能力，亦即是說，人生而即有認知的能力，且此認知能力是含於「性」中的。而屬於「生就是性」的「心」之「徵知」，即是辨白黑、清濁、甘苦、飢寒、愛惡的感性之知。這一層的感性之知，是指「心」有指揮感官、攝取物象，而後加以辨識的「知覺」能力。依此解析，可知「心」與「知」都是人生而即有的，亦即是「性」，且材性知能就如同人生而即具有之好榮惡辱、好利惡害一樣，都是君子與小人所同有的（「性」）。甚且，不單「知」是人生而即有的能力，「心」的另一作用－「慮」，亦是君子與小人所同有，且爲人生而即有的能力。

　　〈榮辱〉篇云：「小人莫不延頸舉踵而願曰：『知慮材性，固有以賢

　　　人矣。』夫不知其與己無以異也」

由此可見，「知」與「慮」都是人生而即有的能力，且「知」與「慮」都是「心」的作用，顯見「心」確是人生而即自然具有的。故而，自「心」是「天官」與「生而即有」的觀點，可推論荀子確有「心就是性」這一層的意涵。

二、「心不是性」

　　若「心」就只是「性」，則人之所以爲人的價值，即隱而不顯。所以，荀子除謂「心」是「天官」外，依〈天論〉篇云：「心居中虛，以治五官，夫是之謂天君」，以「心」爲「天官」而言，荀子亦有以「心」爲生即自然有的能治者之意（「天」指心是自然本有，「君」謂心是能治者）。因著荀子主張「人之性惡，其善者僞也」（〈性惡〉篇）之「性惡善僞」說，[註21] 是以，只能依靠「性」以外的力量，才足以「化性起僞」，而這個力量，就荀子而言，就是來自於「心」。因此，他說「心」能夠成「僞」，成就道德實踐，亦即，「心」能夠治「性」。而荀子之所以認爲，「心」能夠成「僞」，乃因他嚴分「性」與「僞」之故。

　　〈性惡〉篇云：「不可學、不可事，而在人者，謂之性；可學而能，

　　　可事而成之在人者，謂之僞。是性僞之分也」

　　〈性惡〉篇云：「感而自然，不待事而後生之者也。夫感而不能然，

　　　必且待事而後然者，謂之生於僞。是性僞之所生，其不同之徵也」

────────────

〔註21〕有關荀子性惡論證，詳見第三章第一節。

依此可知，荀子所謂「不可學、不可事」、「感而自然」，即指「性」是「天之就也」（〈正名〉篇）、「不事而自然」（〈正名〉篇）之意，而其所言之「可學而能，可事而成」、「必且待事而後然者」，即謂「僞」是須透過學與事（學習努力）等具體的行爲活動才能達成的。

　　〈正名〉篇云：「慮積焉，能習焉，而後成，謂之僞」
此由積與習、學與事，都是後天人爲的實踐工夫來看，「僞」是人透過實踐工夫而後成的。〔註22〕因而，「性」與「僞」的分別就在：「性」只是一動物性之自然，是「吾所不能爲也」（〈儒效〉篇），是不能且不必經由後天人爲的學習與努力而有的；而「僞」則是「吾所能爲也」，是可以且必須通過實踐工夫而成的。依此「性」與「僞」的分別，可知荀子所謂「性」，正是有待「僞」之起以化的被治對象。然則，「僞」從何而生呢？

　　〈性惡〉篇云：「聖人積思慮，習僞故，以生禮義而起法度，然則禮
　　義法度者，是生於聖人之僞，非故生於人性也」
此明「僞」是，聖人由後天人爲的積慮習能所成就之知識，與自祖宗延續而下的人生規範所累積之經驗，而成的禮義法度。由此可知，「僞」即是「禮義」，而此「禮義」是「聖人之所生也，人之所學而能，所以事而成者也」（〈性惡〉篇）。由於，「禮義」是成之於後天人爲的經驗累積與學習努力，所以是客觀外在的，是以，人心亦必須通過修養工夫去認知，才能把握禮義。

　　〈解蔽〉篇云：「人何以知道（即禮義）？曰：心。心何以知？曰：
　　虛壹而靜」〔註23〕
即言：人之所以知道，是由於人心有知，依此，「禮義」是透過「心」而被認知的。故而，荀子強調「心」能夠成「僞」。

　　〈儒效〉篇云：「塗之人百姓，積善而全盡謂之聖人」

〔註22〕依〈正名〉篇：「心慮而能爲之動謂之僞」、「所以能之者謂之能」來看，「僞」
　　　　是能依「心」之思慮、選擇所發動的行爲活動，亦即，「僞」是「能」與心慮
　　　　所共同構成的。而「所以能之在人者謂之能」，即表「能」與心慮一樣，都是
　　　　人所生而即有，是「性」之意。依此，則可說「僞」，就是據人所生而即有的
　　　　「能」與心慮而成的，即「僞」亦據「性」以成。然「僞」雖本於「生而即
　　　　有」的「能」與心慮而有，但「僞」終須透過後天人爲之積與習、學與事等
　　　　「實踐工夫」方能成。因此，「僞」可說是自生即有的心慮之「能」而發，
　　　　而必經由後天人爲的學習努力，以矯治先天本有之性有惡傾的行爲活動。
〔註23〕「心」必須認知禮義，才能把握、實踐禮義，而「心」之所以能認知禮義，
　　　　乃因「心」能作虛壹靜的修養工夫之故。

〈性惡〉篇云：「凡古今天下之所謂善者，正理平治也；所謂惡者，偏險悖亂也」

〈不苟〉篇云：「禮義之謂治，非禮義之謂亂」

依上可知，善與全盡乃皆就「禮義」而言。此言「禮義」雖是出於聖人之「僞」，但若一般人，亦能夠積善與全盡「禮義」，即可成爲與本性全然迴異的聖人。而所謂積善與全盡「禮義」，亦即是積習禮義之道德實踐的工夫。所以，就「心」能夠認知並實踐「禮義」來說，「心」之認知「禮義」（即成僞），同時，也是一種成就道德實踐之工夫活動。〔註24〕而此是說，通過「心」的成僞及成就道德實踐，可使原本易傾向於惡之「性」，由惡趨善，亦即，「心」能治「性」之意。

　　植基於此，即使是導致順性而無節之欲求，「心」這個生而即自然有知且能治者，亦能以認知「禮義」，並作德實踐的工夫，而來治性的（荀子以欲爲性，治欲即治性）。

〈正名〉篇云：「欲不待可得，而求者從所可，欲不待可得，所受乎天也求者從所可，所受乎心也。所受乎天之一欲，制於所受乎心之多，固難類所受乎天也」

這是說明，欲求乃受之於「天」的本性，而由欲求所發動的行爲活動，則是須通過心依禮義所作之選擇認可的。〔註25〕然而，正因人人皆然的天性欲求，所形成的行爲，會受限於心之多方的思慮計量，所以，人的行爲活動與自然欲求的要求，常不相一致。依此可知，雖不是「心」在發動行爲活動，但眞正發動行爲活動之欲求，還是須受制於「心」之所可，亦即，並非是「心」直接地生起行爲活動，或「心」直接地對行爲活動產生作用，不過，行爲活動之合理與否，確是取決於「心」所思慮計量的是合理或不合理。而此即是表徵，「心」是能治欲者，「心」能夠治「性」。

　　其次，由於欲求是受制於「心」之所可，而「心」之所可，乃根據於「禮

〔註24〕內在於荀學系統來看，「心」作虛壹靜的工夫後，就必然認知「禮義」，認知「禮義」後，必然會認可「禮義」，認可「禮義」後，必然會實踐「禮義」。參閱本書第三章。

〔註25〕依〈正名〉篇：「道者，古今之正權也；離道而內自擇，則不知禍福之所託」，及〈彊國〉篇：「道也者，何也？禮義、辭讓、忠信是也」，可知「心」的選擇認可，乃是根據道來作權衡的，而道就是「禮義」。是以，「心」若能依「禮義」，則所選擇認可的，就必然合於「禮義」，此即「心之所可中理」（〈正名〉），反之即「心之所可失理」。故而，若「心」治「性」，則必以「禮義」爲其作選擇與認可之標準。

義」，然「禮義」外在，故「心」必須通過認知「禮義」，而以「禮義」來制欲。易言之，就是「心」認知「禮義」，而以「禮義」來治「性」。且此「心」之「認知」，即是辨善惡、是非、曲直的理性之知，而這一層的理性之知，是指「心」經積慮習能與修養工夫而後成的「知慮」能力。依此亦可知，「心」是以認知型態，亦即通過認知「禮義」而來治「性」的，也就是說，「心」能作實踐工夫以治「性」。是故，「心」自不能為無法作實踐工夫之「性」所包含，自「心」是天君與實踐工夫的觀點而言，荀子確有「心不是性」這一層的意涵。

再者，由「心不是性」來看，「心」「性」之別，並不是「生而即有」之同層存在的差別，而是上下價值層次上的區別。此由前言「心」「性」皆是人所生而即有，而「性」是被治者，不能作道德實踐之工夫，而「心」則是能主使五官，並從事道德實踐之工夫能治者可知。且自「心」是一能治者來看，能治之「心」自比被治之「性」高一層次，是以，「心」「性」間的關係，就是上下對治的關係。

綜上所述，荀子所論之「心」，具有雙重之身分。就「生而即有」，亦即「心」是一「天官」而言，「心就是性」；就「心」是一「天君」，且能作道德之「實踐工夫」來說，「心不是性」。而由荀子思想體系看來，此二層意涵是並存，且不相矛盾的。〔註26〕歸結荀子之意，大抵是從「知」說「心」的。

〈解蔽〉篇云：「心生而有知」

〈解蔽〉篇云：「人何以知道？曰：心」

「心」不是道，卻能知道。可見，這個知道之「心」，是認知心；而「心」之為認知心，乃屬於能知。然有主觀面的能知，就應有其所對之客觀面的所知。

〈正名〉篇云：「所以知之在人者，謂之知；知有所合，謂之智」

這是說明：「知」是人生而即有的，此屬於能知的一面；而能知之「心」，遇物而接物後，即能形成對物的知識，這是屬於所知的一面。故而，「知有所合

〔註26〕關於荀子論「心」，有認為荀學當含「心就是性」一義者，此以徐復觀先生為代表，參閱《中國人性論史》〈先秦篇〉，頁243言：「荀子一面以心為好利，乃就其欲望一面而言；一面以心為能慮能擇，乃就其認識能力一方面而言；此亦為荀子言心之二方面。有認為荀子不以心為性者，此以薛保綸先生為代表，參閱《哲學與文化月刊》第十五期，頁53〈荀子的心學〉一文。然針對荀子兼論「心就是性」或「心不是性」於其思想體系中，當該如何瞭解之問題，較有獨到之見解者，應推何淑靜先生，參閱《孟荀道德實踐理論之研究》，頁47～68。

謂之智」的智，實際上，即指知識而言，荀子重智重心之認知，由此可見一斑。但是，荀子言「心」，除了能知之外，亦能擇、能慮、能思、能辨。

〈正名〉篇云：「情然而心爲之擇，謂之慮」

〈禮論〉篇云：「禮之中焉，能思索，謂之能慮」

〈非相〉篇云：「人之所以爲人者，合己也？曰：以其有辨也」

由此看來，「心」似乎足以決疑似、定然否。

〈君道〉篇云：「其知慮足以應待萬變……其知慮足以絕疑」

〈解蔽〉篇云：「吾慮不清，則不能定然否也」

此言：雖然「心」可成僞治性，亦且能夠認知、慮擇、思辨，但並不眞能決疑似，定然否。

〈解蔽〉篇云：「故人心譬如槃（盤）水，正錯（措）而勿動，則湛
（沉）濁在下，而清明在上，則足以見鬚眉而察理矣。微風過之，
湛獨棟乎下，清明亂於上，則不可以得大形之正也。心亦如是矣。
固導之以理，養之以清，物莫能傾，則足以定是非，決嫌疑矣。小
物引之，則其正外易，其心內傾，則不足以決麤（粗）理矣」

荀子此以盤水來比喻人心；若將盤水放正而不使動搖，那麼，水就會清徹得足以明照精微的肌膚之理，而若盤水經微風之吹動而動搖，那麼，水就會混濁得連大形之物都不能正確地映照出來，更何況是精微的肌膚之理。水如此，「心」亦然。可見，荀子認爲「心」之知理，如水之照物；水清則能照物，心清則能知理，然而，物並不在水中，理亦不在心中。是以，若欲使「心」不爲外物所傾動，而能認知並明辨事理之是非曲直，唯有以「理」導「心」，以「清」養「心」。然則，荀子所謂「理」是何義？

由於，荀子視外在的「理」，是指導「心」如實而客觀地認知與明辨的標準，因而，就必須先知「理」，而後「心」才爲其所指導而起作用。此外，知客觀外在之「理」，亦必須「心」不爲外物所引動傾側而保持清明，方有可能。故此，以「理」導「心」，實乃「心」作修養工夫（以「清」養「心」），使「心」不爲外物所引動傾側，而保持清明以知理的結果。至於，荀子所說「清」是何指？

〈解蔽〉篇云：「虛壹而靜謂之大清明」

虛壹靜就是保持「心」之清明的修養工夫。而依前述，欲求所發動的行爲活動，是取決於心之依禮義所作之選擇與認可，是以，行爲活動之合理與否，

及萬般事理之是非曲直，盡皆以禮義之「理」爲其衡斷之標準的，亦即，是以「心」作修養工夫以保持清明，而認知禮義，依禮義而行，作爲前提的。由此可知，不但「心」之認知客觀外在的禮義之理，當作保持清明之「心」的修養工夫，就是「心」之思慮，亦有待作保持清明的修養工夫，方能作客觀正確的決斷。此因能知之「心」，會受外物之引動而傾側，所以，必須作虛壹靜的修養工夫，以保持清明，如此，方能作出客觀正確之「知」與「慮」的決斷。故而，順此解析即可瞭解，何以「生而即有」的「心」，其知並不必然地能認知客觀外在的禮義，而能作虛壹靜之「實踐工夫」的「心」，始能眞正如實地認知禮義的原因。

反之，若能知之「心」，爲外物所引動而傾側，即意味著「心」之「知」「慮」會爲外物所「蔽」。荀子慨歎於「心」對其所知之物的自起偏執，〔註27〕所以，特就人心之易爲蔽塞處，舉出「凡萬物異則莫不相爲蔽」（〈解蔽〉）之欲惡、始終，遠近、博淺、古今等十蔽，〔註28〕人君桀紂、人臣靱溪齊之蔽於心亂其行，〔註29〕及墨法名道四家六人學術之蔽，〔註30〕以資借鏡。依荀子，偏見之蔽的

〔註27〕 此「心」乃「心就是性」一義的「生而即有」之「心」，其對所知之物的偏執，就是起於受感官之經驗現象，亦即，「心」於現實層面之作用的影響。然「心」對其所知之物的偏執，既非心所知之物固有，亦非心所知之物令其如此，基於此，顯然就是「心」因對物有所知，而對其所知之物的自起偏執。是以，若「心」並無相應於感官之經驗現象，無物可與之對，則「心」就不能有所知，亦自無對物起偏執之說。因此，外物雖不是令「心」對其所知之物產生偏執的主因，卻是導因。

〔註28〕 荀子以爲「欲惡」即好惡，本是中性的，而一般人往往愛之欲其生，惡之欲其死，可見人之好惡，實易於失平而不得其正。「始終」是起於時間方面的觀念，若能愼始愼終則不爲蔽，而一般人往往蔽於：厚於送死而薄於事生之不善始，或厚於事生而薄於送死之不善終。「遠近」是指空間上的距離，若是不執著於遠來的和尚會念經，就能免於遠之蔽；若患不識廬山眞面目，只緣身在此山中，則是蔽於近。「薄淺」之意，〈修身〉篇云：「多聞曰博，少聞曰淺」，可見少見寡聞、孤陋膚淺是蔽於淺，博而無約、雜而無統則是蔽於薄；然淺之蔽人易知之，而薄之蔽則人不易知。「古今」仍謂時間之先後，本無所謂蔽，但若以古爲是、以今爲非，或以今爲是、以古爲非，就會形成蔽塞，所以，若言古者必有節於今，言今者必有徵於古，乃可無蔽矣。

〔註29〕 荀子以此烘托出人君成湯文王、人臣鮑叔甯戚隰朋召公呂望之不蔽之福。

〔註30〕 荀子批評墨子，凡事只以有利有用爲考量，而忽視了禮樂文化的價值。而宋子以人是欲寡的，殊不知，人情亦有欲多貪得的一面。法家愼子，只知以法爲首出，而不知徒法不能以自行，必待賢者而後乃能盡法之用。而申子亦只知權勢法術，而未知須得人才，智始能發揮功效。名家惠子，雖言之成理、持之有故，但往往乖離事實。至於，道家莊子，則尚自然之天而薄人文之偏。

形成，乃因不正確的認知，亦即，問題是出在「心」的認知、選擇及判斷，並不能必然地正確無誤而合理合道之故。

〈正名〉篇云：「心之所可，中理……心之所可，失理」

〈解蔽〉篇云：「凡人之患，蔽於一曲闇於大理」

〈解蔽〉篇云：「曲知之人，觀於道之一隅，而未之能識也」

此言：認知上的通病，是蔽於道之一偏一隅（一孔之見），而不能把握住道的全體。因而，荀子提出二種解蔽之道；兼權與熟計。

〈不苟〉篇云：「欲惡取舍之權：見其可欲也，則必前後慮其可惡也者；見其可利也，則必前後慮其可害也者，而兼權之，熟計之，然後定其欲惡取舍。如是則常不失陷矣。凡人之患，偏傷之也。見其可欲也，則不慮其可惡也者；見其可利也，則不慮其可害也者。是以動則必陷，爲則必辱，是偏傷之患也」

此即是說，往往人們容易顧此而失彼，顧彼而失此。因而，荀子勉人於衡量事物之輕重可否的同時，必須經過兼權與熟計二方面的兼顧權衡、心知慮擇，庶可明是非、當取設，而不爲單方面的欲惡利害所蔽塞。

綜上可知，荀子言「心」是「認知心」、能治者，其通過虛壹靜之修養工夫，不僅能認知禮義而化性起僞，亦能實踐禮義而成善去蔽，這在先秦儒學中，是相當獨到的心性論見解，而此見解無疑地透露出，荀子之經驗態度的貫徹與理智思想的蓬勃，及其欲以理智思想力挽經驗態度之所是；即此亦意表，荀子「心」論的思想，可補「性惡」之不足。

第三節　荀子論「自然天」

中國人一向對於「天」非常的崇敬及景仰，總以爲「天」是一位有意志的人格神，能夠賞善罰惡，如《尚書》〈皋陶謨〉說：「天命有德」、「天討有罪」等，皆是意謂著，「天」有其至高無上的能力。所以，最早出現於《詩》《書》中的人格神思想也好，或人格神思想逐漸轉化至《論》《孟》《易》《庸》之形上的道德實體義也好，其間對於尊天之意念，仍是始終不曾稍減的。所不同的是，隨著思想的遞嬗，「天」之人格神意味，是愈來愈淡（但非全然消失〔註31〕），而道德實體義，則越來越濃了。然而，由於荀子主張性惡，且重

〔註31〕自孔孟而言，其「天」已轉變至既超越又內在的道德實體義，然仍存留著很

視後天之人爲，是以，對於「天」的看法，大致上是不同於《詩》《書》中之宗教義、人格義的「天」，也非《論》《孟》《易》《庸》之形上的、道體的「天」，更不是自然義的老莊之「天」。〔註32〕荀子之「天」，是以教人應該致力於人爲，而爲其立論之目的的。

　　因著自古以來，人們對於「天」有著相當程度的崇仰、不解與畏懼，荀子就進一步指出，這都是因爲不明白「天人有分」的緣故。所謂「天人有分」，就是指「天」有「天」的職份，「人」有「人」的職份。

　　〈天論〉篇云：「明於天人之分，則可謂至人矣」

這是說明：若能知曉「天」「人」間是各有職份的，就是荀子所謂的聖人了。然而，「天」的職份是什麼？「人」的職份又是什麼呢？

　　〈天論〉篇云：「不爲而成，不求而得，夫是之謂天職」

而此即謂，「天」的職份乃是自然「生」成萬物，而自然地生、自然地成，乃是平面地描述表示「天」與萬物的關係。

　　〈天論〉篇云：「如是者，雖深、其人不加慮焉；雖大、不加能焉；
　　　　雖精不加察焉，夫是之謂不與天爭職。天有其時，地有其財，人有
　　　　其治，夫是之爲能參。舍其所以參，而願其所參，則惑矣」

這裡的深、大、精，是指天生萬物的作用，而加慮、加能（用心）、加察，則指人求知天之意。這則引文的大意是說：「天」這種自然生成萬物的作用，雖然深遠、廣大、精微，然而，聖人卻只是專注於人事方面的治道，對於天道既不用心思索也不去體察，這就是不與天爭職。而聖人之所以能夠不與天爭職，乃因其明於「天人之分」。

　　〈禮論〉篇云：「天能生物，不能變物也，地能載人，不能治也。宇

　　　多人格神之「天」的觀念（孔子尤甚）。《論語》〈子罕〉篇：「天之將喪斯文
　　　也，後死者不得與於斯文也；天之未喪斯文也，匡人其如予何」，《孟子》〈萬
　　　章〉篇：「然則舜有天下也，熟與之？曰：天與之」。由此可知，哲學史上之
　　　重要觀念的轉變，乃絕非驟然的。

〔註32〕《詩》〈周頌〉：「天作高山，大王荒之。彼作矣，文王康之」、《尚書》〈泰誓〉：
　　　「天視自我民視，天聽自我民聽」，當中的「天」，都只是有意志的人格神。《論
　　　語》〈泰伯〉篇：「子曰：大哉！堯之爲君也。巍巍乎爲天爲大，唯堯則之」、
　　　《孟子》〈離婁上〉：「誠者，天之道也；思誠者，人之道也」、《易經》〈乾卦
　　　傳〉：「天行健，君子以自強不息」、《中庸》〈三十章〉：「仲尼祖述堯舜，憲章
　　　文武，上律天時，下襲水土」，其中之「天」，則皆爲形上的道德實體。《老子》
　　　〈二十五章〉：「人法地，地法天，天法道，道法自然」、《莊子》〈天道篇〉：「夫
　　　帝王之德，以天地爲宗」，當中的「天」，乃是道家義的自然。

中萬物生人之屬，待聖人然後分也」

「天」是昧然無知的，其不但沒有分辨的智慧，也沒有治理的意志，所以要靠聖人來分辨治理。由此可知，「天」的職份是供給四時，地的職份是生產財物，人的職份則是「治」理天地，且若人能治天時地財而善用之，就能達到荀子所說的能參，也就是能治的境地。因而，若放棄能治方面的努力，而一味地盼望風調雨順、五穀豐登，那不就是迷惑的表現了嗎？

由「天」的職份是生，人的職份是治，可知天之生、天之成，只是「不為而成，不求而得」（〈天論〉），不含人為的意志與思慮在內的自然現象之變化活動，因而，亦可知荀子所瞭解的「天」，只是純粹的、客觀的「自然」現象（亦即不是人為活動的主體）。由於，「天」的生與成，不是由主體所生起，或創生的活動，而只是由「天」提供萬物生成之所需，自然地生、自然地成。依此可知，荀子所言的「天」，乃是沒有宗教義或道德義之「是其所是」的「自然天」。在面對這一個象徵著純粹的、客觀的自然現象時，荀子要我們抱持的態度是：不當超乎經驗現象以外來瞭解「天」的生成活動，亦即，對於自然的認知，應僅止於經驗中的現象，而將才智與心思，運用於治理自然的經驗現象上。定調於此，若能明白「天人有分」，才真可謂不逾越本份，不與天爭職。荀子所言「不與天爭職」，除須明於「天人有分」外，仍須做到「不求知天」。

〈天論〉篇云：「萬物各得其和以生，各得其養以成，不見其事，而
　　見其功，夫是之謂神。皆知其所以成，莫知其無形，夫是之謂天功」

這是說明：人們看不見天生萬物的形迹（事），而只能看到自然生成萬物的結果（功）。對於這種只知萬物都是得陰陽四時的調和以生，得風霜雨露的滋養以成，但對毫無形迹可循之天生萬物的作用，無從理解的現象，就叫它做天功。荀子就是由此天生萬物之經驗現象的活動處，講「不求知天」的。因為，聖人能明於「天人之分」，所以，荀子謂「唯聖人為不求知天」，亦即，也只有聖人，方能做到，不去要求瞭解毫無形迹可循，而又無從理解之天道作用。所謂「無用之辯，不急之察，棄而不治」（〈天論〉），凡此形而上且無益於人治的知識，荀子皆棄而不求，這是其一貫的實用態度。然而，正因荀子主張實用，所以，人們在治理天地之先，亦不能對「天」一無所知。

〈天論〉篇云：「聖人清其天君，正其天官，備其天養，順其天政，
　　養其天情，以全其天功」

此言：聖人能令己之思想不蔽，心君永保清明，而對其耳目鼻口形體等感官

之使用，也都不使過度而致損壞；講求養生之道而不過於浪費；並主張努力增產以順應人類之需要；最後，聖人還注重情感之適度的抒發而不致流放；這些都說明了，聖人足能保全天地生養萬物的功勞；此亦即為荀子所謂的「天生人成」。

　　依荀子，由於聖人能夠「知其所為」，敬修人事善用自然，且「知其所不為」，不逾矩過問天地生物的奧妙，所以，聖人之「知天」，方可成為自然世界的主宰。〔註33〕

　　〈天論〉篇云：「願以物之所以生，熟與有物之所成」

　　〈君道〉篇云：「故君子……其於天地萬物也，不務說其所以然，而致善用其材」

此即意味，物之生雖在「天」，成之則在人之「天生人成」義。荀子言「不求知天」，是植基於經驗心態上的考量，而其所謂「知天」，則是根源於人治「善用」上的苦心。

　　〈富國〉篇云：「萬物同宇而異體，無宜而有用為人」

這是說明：萬物本身，原無所謂宜與不宜，人若善用之，則萬物莫不有利，若不善用之，則萬物莫不有害。此如，水能載舟以福人，亦能覆舟以禍人，其為福或為禍，乃在於人之能否善用。所以，對於「天」，聖人所要知道的，只限於其所顯現的徵侯，這樣就可據以預測節令氣候的變化了。對於「地」，聖人所要知道的，只限於土壤所顯現的適何作物之栽培，這樣就可據以從事耕作了。對於「四時」，聖人所要知道的，只限於所顯現之春生夏長秋收冬藏等自然規律之運轉，這樣就可據以應時勞作了。對於「陰陽」，聖人所要知道的，只限於其所顯現之寒暑調和等變化，這樣就可據以修治人事了。簡言之，即聖人對「天」的認識，是由天地、四時、陰陽所顯現的徵象來預期它們的變化。依此，亦可知聖人之知天，也僅限於與人事有直接關係的知識，如此而已。因而，由「知天」與「不求知天」之不同的立論動機來看，兩者所指稱的「天」，是不盡相同。李滌生先生言，荀子的「天」有廣狹之義：狹義的「天」，有宇宙的天與人生的天之分；而廣義的「天」，則包含了宇宙的天和

〔註33〕〈王制〉篇云：「故天地生君子，君子理天地；君子者，天地之參也，萬物之摠也，民之父母也」，此言天地生君子，君子生禮義（〈王制〉篇：「君子者，禮義之始也」），且以禮義來治理天地萬物，使得天地萬物都能具有條理。故君子實與天地一般，為共同參與萬物化育之主宰者，是萬物的總領，又是人民的父母。

人生的天。所謂天職、天功是宇宙的天，這是荀子不求知的；所謂天情、天官、天君（屬人身）、天養、天政（屬人事）是人生的天，這是荀子所要求知的。〔註34〕因此，綜合以上天人關係之論述，可清楚得知荀子的天論，乃是就「天人有分」、「天生人成」之中心思想開展出來的。只是，其天論思想的特色又是如何呢?

〈天論〉篇云:「天行有常，不為堯存，不為桀亡。應之以治則吉，
　　應之以亂則兇」

此謂天體的運行，有一定的自然法則，亦即「天有常道矣，地有常數矣」（〈天論〉），而這是不因聖堯，亦不因暴桀，而改其一定之規律的。可見人事並不能影響天道，亦即，天人之間沒有感應。是以，荀子嘗曰:「天不為人之惡寒也輟冬，地不為人之惡遼遠也輟廣」（〈天論〉），就是因為天人沒有感應，因此，人君能以治道去肆應「天」就會吉祥，若以亂道去肆應的話就有兇災。依此，吉凶是在人而不在天，易言之，荀子所謂的「天」，並不能有意志地降禍福於人，亦不會隨人的好惡而改變其生成消長的自然法則。而吉凶既是在人而不在天，富貴貧賤當然也是如此。

〈天論〉篇云:「楚王後車千乘，非知也；君子啜菽飲水，非愚也；
　　是節然也」

這是說明:楚王出門扈從之車千輛，富貴之極，但這並不代表，他就是聰明的；君子吃粗食喝淡水，貧賤之至，但這也並不說明，他就是愚蠢的。因而，人生的富貴貧賤，都不過是偶然的遭遇罷了，既然，禍福窮達在荀子看來，都是不期而遇的，那麼，自然天是天，人是人，便無所謂人須順天而行，應天而吉般的法天〔註35〕、敬天〔註36〕之想法了。

〔註34〕 參閱李滌生:《荀子集釋》，頁369，原註22。以及，將「天」之廣狹二義，作不盡相同之劃分的陳大齊先生，《荀子學說》，頁13～14。
〔註35〕 在法天思想中，以墨家視「天」為有意志的人格神，表現得最是明顯，故其書中徑以「天志」名篇。《墨子》〈天志〉云:「觀其行，順天之意謂之善意行，反天之意謂之不善意行；觀其言談，順天之意謂之善言談，反天之意謂之不善言談；觀其政刑，順天之意謂之善政刑，反天之意謂之不善政刑」。另陰陽家所視的「天」，雖僅以莫測高深的陰陽消息示人，但據《史記》〈天官書〉云:「仰則觀象於天，俯則法類於地，天則有日月，地則有陰陽，天有五星，地有五行」，亦可知其中的法天用意之深了。而據《老子》〈七章〉:「天地所以能長且久者，以其不自生，故能長生。是以聖人後其身而身先，外其身而身存，非以其無私邪？故能成其私」，及《莊子》〈天道〉篇:「夫尊卑先後，天地之行也，故聖人取象焉」，可知道家法天之思想定論，亦極顯明。

〈天論〉篇云：「夫日月之有蝕，風雨之不時，怪星之黨見，是無世而不常有之……夫星之隊，木之鳴，是天地之變，陰陽之化，物之罕至者也；怪之，可也；而畏之，非也」

此言：有關星墜木鳴等事物中少見的現象，乃是天地陰陽的變化，亦即常態中的變動，因為這並不是人所主動招致，也不是「天」的示威與警告，所以，少見可以感到多怪，但卻毋須畏懼。

〈解蔽〉篇云：「凡人之有鬼也，必以其感忽之間，疑玄之時定之。此人之所以無有而有無之時也」

而此即言：人之所以會以為有鬼之存在，是在倏忽之間精神迷亂，以有為無、以無為有之時才有的感覺。既言自然界中的怪異現象並不足懼，那麼，什麼才真是可畏的呢？荀子以為「人祅則可畏也」（〈天論〉）。所謂人祅，依荀子，乃指人事間的怪異現象而言，如國家政令舉措不時，農耕生產粗惡不精，禮義教化廢而不行；而這些怪異現象，則通常是起於人事上的混亂，所謂「祅是生於亂」（〈天論〉）也。然而，一般人往往只重視自然界的怪異現象，而對於人事上的怪異現象卻又多不知儆懼。因而，荀子認為，人事間的怪異現象，才是既值得奇怪又足以畏懼的。對於這個不足畏懼的自然天，雖言不能有意志地降禍福人，但對於人生卻有著極大的影響，此即「天」乃是，人能否善用之而為福或禍的關鍵，依此，荀子提出了制天用天的理念。

〈天論〉篇云：「大天而思之，孰與物畜而制之！從天而頌之，孰與制天命而用之！望時而待之，孰與應時而使之！因物而多之，孰與騁能而化之！思物而物之，孰與理物而勿失之也！願於物之所以生，孰與有物之所以成！故錯人而思天，則失萬物之情」

荀子此謂：與其尊天為神而希冀其賜福與我，不若視天為物而加以裁成；與其順從而頌揚天，不若裁制天生之萬物以為我用；與其巴望天時而坐等收穫，不若應時工作役使四時為我生產；與其依順物類之自然生長而願其豐足，不若運用人類的智能來改良生產；與其盼望萬物以為己有而因任自然，不若好好去治理而不治失喪；與其盡力去求瞭解萬物之所生的天，不若努力來治理幫助萬物之所以成。故而，若只是冀望於天助，而放棄人事的努力，那真是

〔註36〕敬天思想乃意謂著孔孟德化之行，在由人格神義之天逐漸轉化而至時，所仍繼續保存下來的思想意識。如《論語》〈八佾〉篇：「獲罪於天，無所禱也」，及《孟子》〈萬章〉篇：「天子能薦人於天，不能使天與之天下」，皆謂此敬天之思想。

違反萬物之理的作法啊！

　　〈天論〉篇云：「財非其類以養其類，夫是之謂天養」

即言：制天用天的作法，必「順」異類（如果蔬家禽）之性質而善用之，以養人類，此爲荀子所說制天用天的自然之道。此外，還必須「應」時而使之。

　　〈王制〉篇云：「故養長時，則六畜育；殺生時，則草木殖；政令時，
　　則百姓一，賢良服。聖王之制也：草木榮華滋碩之時，則斧斤不入
　　山林，不夭其生，不絕其長也。黿鼉魚鱉鰍鱣孕別之時，罔罟毒藥
　　不入澤，不夭其生，不絕其長也。春耕、夏耘、秋收、冬藏，四者
　　不失時，故五穀不絕，而百姓有餘食也。汙池淵沼川澤，謹其時禁，
　　故魚鱉優多，而百姓有餘用也。斬伐養長不失其時，故山林不童，
　　而百姓有餘材也」

依此可知，欲征服自然，先「順應」自然，而欲順應自然（亦即順應萬物的本性），又必須先瞭解何爲萬物的本性（亦即何爲自然法則）。

　　〈解蔽〉篇云：「萬物莫形而不見，莫見而不論，莫論而失位。坐於
　　室而見四海，處於今而論久遠。疏觀萬物而知其情，參稽治亂而通
　　其度，經緯天地而材官萬物，制割大理而宇宙裡矣……以正志行察
　　論，則萬物官矣」

這是說明：觀察萬物而加以疏理，就能獲知其中的自然法則，而獲知自然法則後，便可掌握宇宙萬物的條理而順應之、治理之。可見，明白自然法則而順應之，是制天用天的先決條件。

　　〈非十二子〉篇云：「一天下，財萬物，長養人民，兼利天下……則
　　聖人之得埶者，舜禹是也」

　　〈王制〉篇云：「故天之所覆，地之所載，莫不盡其美，致其用，上
　　以飾賢良，下以養百姓，而安樂之，夫是之謂大神」

是以，荀子指出，能夠達此制天用天之功用者，爲聖或神。

　　依上所述，可知「天」是一自然現象，而天體運行，是遵照一定的自然法則而生成消長。是以，依循荀子天人關係之瞭解來定位的「天」，天人之間不但沒有感應，且吉凶是在人而不在天，貧富也只是偶然的遭遇，不但如此，對於自然界的怪異現象，亦是不足畏懼的。荀子之所以講性惡，是以「性者，天之就也」（性是自然之成），說明「性」是自然而有，且是經驗中的實然存在，就因爲荀子一眼所看到的「性」只是自然，故是被治的對象；而「天」

也是自然，故亦是被治的對象。然而，荀子終究是不願一任自然而下墮沉淪的，因此，其爲儒者的精神，於治性及制天的努力上表露無遺。治「性」須靠「心」，制「天」則靠「人」，是故，荀子要我們明於「天人之分」，不與天爭職，並認清「知天」與「不求知天」的分際，方可達成「制天用天」的功用與「天生人成」的理想。〔註37〕

此外，由〈天論〉篇云：「雩而雨，何也？曰：無何也，猶不雩而雨也」來看，荀子以爲下雨與否，完全是遵照自然法則的，若天不下雨，那是因爲自然界的下雨條件還沒有具備，所以，即使祈禱求雨也不會下雨；反之，若求雨而天下雨，這是因爲自然界的下雨條件，恰巧在求雨時具備，而並不意味天從人願。所以，若是認爲求雨眞可獲雨，那簡直是愚妄的迷信。而由自然現象是不會隨著人的願望而有所改變的觀點看來，荀子以祈禱祭祀都是無意義的迷信與舉動，其無法造福人生，自然就當捨棄。依此，陳大齊先生推崇荀子此一破除迷信的言論，「在積極方面闡發了自然現象的眞相，在消極方面破除了根深蒂固的迷信，在當時的思想界中確是精闢而獨到的見解」。〔註38〕

雖說荀子之天論思想，是主張制天用天，但另一方面，他却又以事天與尊先敬祖同一意義（〈禮論〉篇：「故禮上事天，下事地，尊先祖而隆君師，是禮之三本也」）。可見，荀子雖以祈禱祭祀爲不必要，然〈禮論〉篇云：「祭者，志意思慕之情也」，而若祭祀乃在於表達對先祖之思慕，不忘本之情，荀子亦是加以肯定的。所以，荀子以爲事天除了表示不忘本之情外，亦是順從民情、以慰民心的一種手段。

〈天論〉篇云：「日月食而救之，天旱而雩，卜筮然後決大事，非以爲得求也，以文之也。故君子以爲文，而百姓以爲神。以爲文則吉，以爲神則凶也」

這是說明：在上位者救日蝕月蝕、祈禱求雨、卜筮決事，都只不過是用來撫慰民情，以爲政事上的文飾，並非眞的認爲求則有所得。然在上位者得此政事文飾，只有君子能夠完全瞭解而得吉祥，至於，一般百姓則眞以爲是在上

〔註37〕或許依荀子當時代的傳統與想法，其「天生人成」的理想，似乎不太可能完全在一般人的心中生根，這可自荀子每言「爲聖人爲不求知天」、「聖人清其天君：以全其天功」、「明於天人之分，則可謂至人矣」、「宇中萬物生人之屬，待聖人然後分也」等看出，只有荀子理想中的聖賢人格，才能眞知天生與我之不足，及人成治天之重要。

〔註38〕語出陳大齊：《荀子學說》，頁25。

位者的邀福致治，反而易流於荒廢人事而招致災禍。由此可見，荀子的學問性格，偏向於實用（制天用天），但仍不失其講求慎終追遠，以民意為重（祭祀祈禱之事天）的儒者本懷。再者，由荀子主張制天用天而仍有事天思想之發展亦可知，其雖出於自然的觀點論「天」，但「天」除了自然一義外，尚仍含有人格神義。

〈堯問〉篇云：「天使夫子振寡人之過也」

〈大略〉篇云：「天之生民，非為君也；天之立君，以為民也」

〈賦〉篇云：「皇天隆物，以示民，或厚或薄，常不齊均，桀紂以亂，湯武以賢」

依此可知，荀子說自然義的「天」，是對廣大人群說的，而說人格神義的天，則是尊就人君說的。而由荀子對「天」的看法及瞭解，可知他既沒有研究自然的興趣，也沒有征服自然的雄心，有的只是利用自然的想法而已。此因荀子的中心問題，是在於「人」，而不是「天」之故，所以，即使他的思想方式是科學的，可是，仍然沒有開出科學來。

第三章　孟荀論心性天之比較

　　孟荀同為孔子之後，先秦儒學的二大家。孔子乃最為全德備道之大聖，孟子發揚孔子主觀精神、絕對精神的一面，奠立其儒家內聖之學的根基；〔註1〕荀子則闡述孔子客觀精神之一面，隆禮重制，誠樸篤實，極外王之制。依此可知，孟荀兩人的性格不同，為學的旨趣亦異。本書即以比較二子不同的學問性格，闡明荀子教育哲學之成德理論的入路及依據。

第一節　孟荀心性論的比較

　　所謂主觀精神，亦可曰主體精神，此主觀精神，主宰了一個學問的大致方向。而放觀古今哲人，最具主體意識的，莫過於先秦儒者。孔子「學而不厭，悔人不倦，發憤忘食，樂以忘憂，不知老之將至」之肫肫其仁，充滿德性光輝的聖人氣象，與孟子「可欲之謂善，有諸己之謂信，充實之謂美，充實而有光輝之謂大，大而化之之謂聖，聖而不可知之之謂神」之泰山巖巖，顯發生命鋒芒的大人氣象，〔註2〕實皆此主觀精神的充分體現。而孔子主體精神之具體化，即是由不安處指點仁教；孟子之具體化主體精神，則是承繼孔子之仁教，〔註3〕從不忍處指點怵惕惻隱之仁；至於荀子，則不由仁入，而由智出。

〔註1〕孟子從心言性、道性善，一向即為正宗儒家的主流，爾後，宋明理學家亦大都順孟子言性之理路而發展。

〔註2〕前引語出《論語》〈述而〉篇；後引語出《孟子》〈盡心下〉。

〔註3〕孔子由「不安」指點「仁」，此見《論語》〈陽貨〉篇，宰我問三年之喪。

一、孟子言心性的進路

　　《孟子》自本心善性以言心性。以下即舉「不忍人之心」與「四端之心」爲例，而加以解析。

> 〈公孫丑上〉曰：「人皆有不忍人之心。先王有不忍人之心，斯有不忍人之正矣。以不忍人之心行不忍人之政，治天下可運之掌上。所以謂人皆有不忍人之心者：今人乍見孺子將入於井，皆有怵惕惻隱之心。非所以內交於孺子交父母也，非所以要譽於鄉黨朋友也，非惡其聲而然也。」

孟子所以說「人皆有不忍人之心」，乃是因爲他從「體」上肯定，人人皆有先天本善的內在道德心；所謂「不忍人之心」及「怵惕惻隱之心」。孟子舉出：當我們忽然間看見，一個剛剛學會走路的小孩，即將掉入井裏，當此之時，任何人都會陡然地驚駭恐懼，而應機當下有所覺地興起悲憫不忍之心，而此悲憫不忍之心，即是人人先天本有的善性。在孟子看來，若人能夠在猝遇他人攸關生死之際，而不經任何感性私欲之驅使裏脅（譬如：並不是想藉搭救小孩而與其父母攀交情，也不是想獲得親朋好友的讚譽，更不是害怕自己會留下見死不救的惡名聲），完全是真心呈露，隨感而應地去行善救人的話，這時，不忍人之心便是仁心的直接呈現，而成就此善行的，便是善性的自然流行。依此，可知孟子所取以暸解人性的進路，是由「不忍之心」來指點「性善」的。

> 〈告子上〉曰：「乃若其情，則可以善矣，乃所謂善也。若夫爲不善，非才之罪也。惻隱之心，人皆有之；羞惡之心，人皆有之；恭敬之心，人皆有之；是非之心，人皆有之。惻隱之心，仁也；羞惡之心，義也；恭敬之心，禮也；是非之心，智也。仁義禮智，非由外鑠我也，我固有之也，弗思耳矣。故曰，求則得之，舍則失之。或相倍蓰而無算者，不能盡其才者也。詩曰：『天生烝民，有物有則，民之秉夷，好是懿德。』孔子曰：『爲此詩者，其知道乎？』故有物必有則，民之秉夷也，故好是懿德。」

孟子此言：人若能順其本然的惻隱、羞惡、恭敬、是非之心，是可以爲善的。猶如順惻隱之心，則可表現爲仁德仁行；順羞惡之心，則可表現爲義德義行；順恭敬之心，則可表現爲禮德禮行；順是非之心，則可表現爲智德智行等。而孟子所謂的「性善」，正是從人人皆可以爲善的人性之實，亦即「四端之心」

而立說的。易言之，孟子此以「四端之心」來指證性善，亦即由心善而言性善，實際上，就是「即心言性」。而由「仁義禮智，非由外鑠我也，我固有之也」及「君子所性，仁義禮智根於心」(《孟子》〈盡心上〉)來看，孟子所謂的仁義禮智之性，實即根源於心、內在於心，是以，孟子主張心性，亦即為內在的道德心道德性。依此，孟子強調：人人皆有先天本善的內在道德心與內在道德性，但若人為不善，並不是為不善者沒有這善性或本性有不善（亦即「非才之罪也」)，亦並非沒有足夠的能力去為善，而是因為：人無法時時通過自覺反省思考及有此能夠為善之本心〔註4〕善性。因此，孟子要我們須時而反求諸己，如此本心善性才會呈顯。據此亦可知，本心善性的呈顯與否，都要由自己負全責的。

　　所謂「操則存，舍則亡；出入無時，莫知其鄉」(〈告子上〉)，而孟子亦勉人須省思反求。一念警覺便可為善成聖賢，若一念沈迷便為不善成奸盜，而此成聖成賢與為奸為盜，相去千里之別。而此區別，並非因人的本性有所不同（所謂仁義禮智非由外鑠「我固有之」、四端之心「人皆有之」)，乃是因為有些人能夠充盡其性，有些人「不能盡其才（普通定有的良能之才，亦即是性）〔註5〕者也」，亦即，未能盡量實現其本性，充分體現其良能之故。而孟子徵引年代非常久遠以前，就有性善意涵之古詩，來印證他的性善說；《詩經》〈大雅蒸民〉篇說道：天生眾民，且相對於每件事物都存在著一種形式的法則（亦即一切存在皆有其所以然之理，如事父當孝等)，而人民所秉持的恆常之性，就是喜愛美好的德性；而此亦即上天賦予人民喜好美德的常性，因而，人都是好善的，所以人亦須為善，方不負上天生人的本意。〔註6〕對於這首古詩，孔子亦讚美此作者，確實具有很高深的道德洞見及形上智慧，且據此詩，亦可得知性善論思想的源遠流長。

　　由以上所言「不忍人之心」、「四端之心」，可知孟子是通過心善以指證性

〔註4〕「本心」一詞，語出《孟子》〈告子上〉曰：「今為宮室之美為之，鄉為身死而不受。今為妻妾之奉為之，鄉為身死而不受。今為所識窮乏者得我而為之，是亦不可以已乎。此之謂失其本心」。

〔註5〕牟宗三先生說道：就孟子學而言，情與才二字並無獨立的意義，亦不可作獨立的概念看。情、才是虛位字，實義是指心性，而心性方是實位字。所謂「在孟子，心性情才只是一事」，亦即同一義。參閱《心體與性體》〈第三冊〉，頁416～424。

〔註6〕牟先生謂：「人之常性所好之美德，即是其自己仁義之心之所自發之定則而見之于行事者，故孟子可由此詩證性善也」。語出牟宗三：《圓善論》，頁25。

善，亦即，孟子是就爲善的能力而言性善的。〔註7〕且孟子所說的心，是從體上說的內在道德心，這是實體性的道德本心，亦即德性層的道德主體；它同時是心，亦同時是性，說心是主觀地講，說性則是客觀地講；主客觀通而爲一，則本心即是性，內在的道德心即是內在的道德性。據此可歸結出，孟子言性的進路，是即心言性、心性是一的。且依「天所與我、我固有之、人皆有之」來看，孟子所說的心與性，實具有超越、內具、普遍等義。

基於上述的解析，孟子乃「以仁識心」，即自道德言心；而荀子則「以智識心」，即自認知言心。〔註8〕孟子是就人之所以爲人之心善之實，而純義理地或超越地來規定性，然依荀子，則是順生之謂性之言性路數，實然地、經驗地以自然情欲說性。〔註9〕雖然，孟荀對心性之意指不同，但卻同以心性乃受之於天。至於，孟子看出，人之實情是「可以爲善」的，亦即，他是由人人皆有足可爲善之充分力量以爲善這觀點，來肯定性是善的，是以，於此道德意義下所言的性善，是定然而必然地善。換句話說，依孟子所瞭解，人之可以爲善的根據，本就內在於道德心性中，可知性與善的關係，乃是內在地、必然連結的分析關係；而荀子在自然意義下所說的性，則是須待認知心來轉化的被治對象，且由於是植基，人順性（自然情欲）而無節則流於惡之前提而言性惡，故而，惡並不止此自然情欲本身而言，而是人依順恣肆其自然情欲而行的結果。易言之，依荀子所瞭解，自然情欲本身既不是惡的，自無法就自然情欲之性中，分析出爲惡的根據，因而，順著荀子所瞭解的人性進路推論而下，性無論與善或與惡的關係，都是經驗地綜合的關係，都沒有內在地必然連結之關係。依此可知，孟荀二子所瞭解的人性，雖同是由觀察客觀經驗之然入手，但孟子所謂的性，是指道德心道德性；而荀子所說的性，則指人的自然情欲而言。此人所內在本有之道德心道德性，基本上是剋就人在客觀經驗裏，所應機而當下呈顯出來的惻隱、羞惡、恭敬、是非等道德之然，亦即以道德的存在事實爲質的；而人所生而即有之自然情欲，則是通過人在

〔註7〕 參閱牟宗三：《圓善論》，頁22～27。

〔註8〕 「惟『以智識心』易爲人所把握，而『以仁識心』則不易爲人所喻解」。語出牟宗三《名家與荀子》，頁225。

〔註9〕 牟先生於《才性與玄理》，頁1：開宗明義便明此兩路言性之說爲：逆氣而言者，在氣上逆顯一理，以理言性，這是第一義的道德性，孟子屬之，後宋儒綜括爲義理之性；順氣而言者，以氣言性，這是第二義的氣性，荀子屬之，後宋儒綜括爲氣質之性。

客觀經驗中，所自然而然表現出的自然性質與徵象等自然之然，亦即以自然的存在事實爲質的。故而，孟荀二子不但在言性的意指上有所區別，就是在性之爲人所生而本有之觀點上，亦有此道德爲質與自然爲質之異質上的差異。簡言之，由於孟荀所取以論述人性之進路不同，致使對於人的存在，有著價值義的道德主體性之存在，與無價值義的自然存在之看法的極大分歧；而此分歧不僅形成所謂的性善與性惡之別，更深遠地決定著孟荀二子之論成德工夫，也就是教育哲學方向的不同。

二、孟子論證性善與工夫修養

由於，孟荀二子對於言性的進路所持之看法並不一致，因而，很自然地便有性善論與性惡說的分野，依此分野可知二子所理解之存在，究竟是定在何種層次，及此存在定位下，對於貞定成德（教育哲學）方向之影響。

1. 孟子之性善論證

「性善」是孟子學的核心，其所以道「性善」，乃欲建立道德實踐，亦即成德理論，所以可能的根據。然而，人能作道德實踐，動物則不能，孟子即植基於此，以言人性之價值與尊嚴之所在，並且，藉此烘托出人性本善的學理義旨。

〈離婁下〉曰：「人之所以異於禽獸者幾希；庶民去之，君子存之，

舜明於庶物，察於人倫，由仁義行，非行仁義」

這是說明：人之所以有別於禽獸，就在於人有仁義之心，能自作道德實踐。而孟子所以認爲，人有此知是非、明善惡的道德本心，乃是因爲通過觀察客觀之經驗事實中，如舜之賢者，其深入明究事事物物之理則，都不外於本心，〔註10〕且其一切善言善行的表現，無不是自其本心自然流出的（此本心即性即理），所以，由舜的生命，全幅是良心的直接呈現，天理之自然流行，孟子即自此以言人性本善。

此外，孟子自幾希之仁義來分別人與其他動物，就是以仁義爲內在於生命的道德原則，而非以之爲外在的價值規準，因而，「由仁義行」即是順我先

〔註10〕孟子即心言性，乃是從心說理「心含具理、由仁義行」，以心善說性善，即是肯定心中自發的善性。依孟子，心悅理義即心悅其自具自發的理義，而不是去悅一個外在的對象，故心悅理義，實乃心即理義，亦即，心與理義〈道德法則〉爲必然地一致。

天本有的仁義天理而行，如此，依自力而自覺、自發命令、自訂方向地作道德實踐，就是康德所謂「自律道德」。

〈盡心上〉曰：「人之所不學而能者，其良能也；所不慮而知者，其良知也」

此言：愛親敬長之知，並不是通過後天經驗學習得來的，而是人生而固有的，這就是「良知」。而人之所以有此見父當孝、見兄當悌的行爲判斷，除了借重經驗知識之分別（父與兄）外，最重要的因素，還是在於本心之決斷。由於，本心的自覺呈顯，方能對應不同的事物，做不同的行爲反應，抑且，良知本身才有沛然莫之能禦的要求實現之力量，而此力量即是「良能」。依此，人之有「良知」「良能」，實是「性善」的最佳佐證。

〈告子上〉曰：「有天爵者，有人爵者。仁義忠信，樂善不倦，此天爵也公卿大夫，此人爵也」

〈告子上〉曰：「欲貴者，人之同心也。人人有貴於己者，弗思耳。人之所貴者，非良貴也」

這是說明：人性中本有受之於天的自然尊貴（即良貴），此良貴如仁、義、忠、信、樂善不倦等，其本身是具有永恆不變之價值的。而相對於天爵良貴之人爵人之所貴，如公卿大夫的利、祿、尊、貴，這是別人加給我的，所以，人既可以給我，也可以收回去，故此種貴的得失，是偶然的，亦即，此貴本身並無永恆不變之價值。

以是之故，孟子道「性善」，即由人所生而本有，與具有永恆不變之價值處——道德心性、良知良能、天爵良貴，而爲立論根據的。甚且，因此道德心性、良知良能、天爵良貴，都是內在於人之生命中的先天善根，是以，人能爲善，乃有其共通性與普遍性。

〈告子上〉曰：「聖人與我同類者⋯⋯口之於味也，有同耆焉；耳之於聲也，有同聽焉；目之於色也，有同美焉。至於心，獨無所同然乎？心之所同然者，何也？謂理也，義也。聖人先得我心之所同然耳。故理義之悅我心，猶芻豢之悅我口」

此即說明：孟子強調「堯舜與人同耳」（〈離婁下〉），亦即，聖人之性與我之性無以異的主張。孟子認爲，聖人所以爲聖，並非稟性與人有異，而是聖人先得我心之同然，即心悅理義，此如〈滕文公上〉曰：「舜何人也，予何人也，有爲者亦若是」。是以，只要人能就此心之同然處，加以擴充，那麼，人人都可爲聖

人。然而，於此必須簡別的是：孟子由外部感官之同然，說到內心之同然，並喻說理義悅心，猶如芻豢悅口，實則，口悅美味，乃是悅外在之對象，亦即悅他，而心悅理義，則是悅他自己本身之理義，亦即自悅。依此可知，孟子所謂的心悅理義，實涵心即理義，且由此亦可謂，人同此心，心同此理──心是客觀普遍的，理也是客觀普遍的。人心有同然，即言每一個人之本心所心悅的理義，都是一樣的理義。因而，只要本心能夠呈顯，逆覺其自己，心悅其自己所自定的理義，當下即心即理，則心無有不善，性無有不善。

　　孟子自心之同然、良知良能、天爵良貴、人禽之辨來論證性善，可說是拈出了善心善性乃天性本具（天所與我），是我固有之、人皆有之之深義，且藉著指點仁義，是人之所以為人的根本，亦闡明了人人皆可為堯舜之真諦。只是，孟子雖以心性為定然且必然之善，然所發出之行為，卻不必然是善的，而人之所以為不善，其首要的原因是：人易受外在環境之影響。

　　〈告子上〉曰：「富歲子弟多賴，凶歲子弟多暴。非天之降才爾殊也，其所以陷溺其心者然也」

　　〈告子上〉曰：「雖然乎人者，豈無仁義之心哉？其所以放其良心者，亦猶斧斤之於木也：旦旦而伐之，可以為美乎？其旦晝之所為，有梏亡之矣。梏之反覆，則其夜氣不足以存。夜氣不足以存，則其違禽獸不遠矣。人見其禽獸也，而以為未嘗有才焉者，是豈人之情也哉」

　　〈告子上〉曰：「仁，人心也。義，人路也。舍其路而弗由，放其心而不知求，哀哉」

依上所引，孟子認為人皆有本心善性，而未必皆有善德善行，乃是由於人心會因環境之制約而陷溺，會因感欲之攪擾而梏亡，會因弗思之閉隱而放失所致。而這情形，正如同麥之種子相同而收成卻不一樣，歸因是與「地有肥磽，雨露之養，人事（如耕耘施肥諸事）之不齊」一樣的道理。因而，依孟子之思維，人之所以為不善，並不是因為人性之惡，而是由於後天缺乏存養擴充、省思反求的修養工夫，致使本心善性隱而不顯、不起作用的緣故。此如《大學》〈誠意〉所言：「小人閒居為不善，見君子而後厭然（閉藏貌），揜其不善而著其善」，可見即使是小人，他好善惡惡的本心，亦不會完全泯失，否則，為什麼他見了有德的君子，便要掩飾他的不善呢？即此便足明證：若人為不善之事，縱使能夠欺瞞天下之人，卻絕欺瞞不了自己的良心，而孟子即自此指點，人性之中，善有根而惡無根。然此良心善性，是一本體，而不是一個

擺在那裏的有形物，所以，仍須通過人的反省自覺，才會呈顯出來，所謂「思則得之，不思澤不得也」、「求則得之，舍則失之」（〈告子上〉）。是故，人人必須時時警策自己，不將自己下比於動物，那麼，念念警覺的結果，自然易於保其先天本有之本心善性了。至此，孟子亦勉人曰：「是不爲也，非不能也」（〈梁惠王上〉），而孔子亦云：「仁遠乎哉？我欲仁，斯仁至矣」（〈述而〉）。

2. 孟子論工夫修養

孟子認爲，人是具感性的存在，且此存在亦受外在之感欲與環境的影響，使得內在的理性意義，因弗思致不顯，是以，必須作修養工夫，以隨時復其本心善性。孟子以人之所以爲不善，即本心善性之所以隱而不顯，其第一個原因是：人會因環境之制約而陷溺其心，依此，孟子要人勉於尙志與尙友。

〈盡心上〉曰：「王子墊問曰『士何事？』孟子曰『尙志。』『何謂尙志？』曰：『仁義而已矣。殺一無罪，非仁也。非其有而取之，非義也。居惡在？仁是也。路惡在？義是也。居仁由義，大人之事備矣……』」

此言「尙志」之義。士，表面上雖然不若公卿大夫之繁忙政事，亦未如士農工商之從事生產，但實際上，士卻是不停地在作啓發修養仁義之本性的工夫，以爲將來擔當政治責任的準備。借此說明，孟子勉人要高尙於志於仁、志於義的修養工夫。然則，何謂「仁義」呢？

孟子此由反面的殺一無罪是不仁，與非其有而取之是不義，二方面來指證，所謂「仁義」，當是〈離婁上〉曰：「仁，人之安宅也。義，人之正路也」之「居仁由義」的意涵。換句話說，孟子所謂「仁」，是人之所以爲人最內在的根本，但若要使這個生命的本體，在日常生活中呈顯，就必須通過自覺而自我實踐，而此爲仁由己之踐仁的自覺工夫，就是志於仁。是以，孔子也說：「苟志於仁矣！無惡也」（〈里仁〉），若人能夠自覺地嚮往、存主仁心的話，那麼，滿心而發的就都只是眞實無妄的善念，自然不會去殺無辜的人。

其次，孟子所謂「義」，是由「仁」推擴出去，而由內心發出的一種道德判斷（心之制），及依此道德判斷所樹立的行爲準則（事之宜），此即《中庸》所云：「義者，宜也」（語出〈哀公問政〉章，而〈梁惠王上〉首章朱子註曰：「義者，心之制事之宜也」）。因而，若能志於義，依心所發之內在的道德行爲之準則來行事，那麼，自然不會去貪取不該得的東西。依孟子「仁義內在」（仁義乃內在於我心之天理）的主張，可知「居仁由義」不應只是士之事，而是人人都

當該行的天職性分，亦即，「居仁由義」、「由仁義行」，只是順我先天本有的仁義天理而行，只是仁（義）這個不安不忍、憤悱不容已之眞實生命的自我實現（仁義自己實現其自己）。而如此而行的道德實踐，是自覺的、自律的、自主的、自決的，是自發命令、自定方向的，是以，康德名之曰「意志底自律」，此即孟子所言「尚志」實欲人們高尚其能自作主宰之意志能力的運用。

〈萬章下〉曰：「一鄉之善士，斯友一鄉之善士；一國之善士，斯友一國之善士；天下之善士，斯友天下之善士。以友天下之善士爲未足，又尚論古之人。頌其詩，讀其書，不知其人何乎？是以論其世也，是尚友也」

這就是孟子所謂「尚友」之義。〈離婁上〉言：「友者，友其德也」，是說人要與善士爲友，並效法其德風。而所謂一鄉之善士、一國之善士、天下之善士，仍只是與我並世的善士，孟子以爲，與並世的善士爲友，仍是不夠的，因爲，還可以進而上論古之人。所以，在頌讀古人的詩書之餘，尚須深究其生平事蹟與時代背景，才能夠從中體會爲學之道與立德之方，而作爲吾人修身之依據。

其次，孟子認爲，人之所以爲不善的第二個原因是：人會因感欲之攪擾而梏亡其心，所以，孟子要人存養本心、省思反求與先立其大。

〈告子上〉曰：「耳目之官不思，而蔽於物；物交物，則引之而已矣。心之官則思，思則得之，不思則不得也」

〈盡心上〉曰：「萬物皆備於我矣。反身而誠，樂莫大焉」

此言：人是有限的感性存在，且因，只會不斷感取外物而不能自作主宰的耳目官能，是很容易被外物所牽引，而外撲不能自止，以致易使本心，順此感欲追逐而昏昧不覺、受障蔽而無法起作用，所以，孟子籲人須作後天省思反求之存養夜氣的工夫，使心能思善、思自己所給出的道德法則之理（此因能自定普遍法則的本心，是天所與我的）。因著本心所具的道德之理，即是使一切存在成其爲存在的存在之理，所以，當本心呈顯，而生發出道德行爲時，固然可直覺到一切的道德之理，即在吾心、皆備於我，同時，亦會感到與萬物爲一體，使得一切存在物，都在本心的感通覺潤之下，而成其爲無限意義的眞實存在。依此可知，本心的呈顯，不但是道德實踐的活動，亦是宇宙生化的創造原理。而此只須反求諸己，眞切地覺顯本心，使得一己的生命活動，成爲天理的自然流行，而與萬物一體呈現，那麼，即可感到莫大的快樂。

〈告子上〉曰：「人之於身也，兼所愛；兼所愛，則兼所養也；無尺

寸之膚不愛焉，則無尺寸之膚不養也。所以求其善不善者，豈有他哉？於己取之而已矣。體有貴賤、有大小；無以小害大，無以賤害貴。養其小者爲小人，養其大者爲大人」

〈告子上〉曰：「孟子曰：『從其大體爲大人，從其小體爲小人』……先立乎其大者，則其小者不能奪也。此爲大人而已矣」

這是說明：人的生命，有身有心，這都是不可或缺地需要培養的，但依孟子，心與身是有大小、貴賤、主從、輕重等不移之區別的。本心是大體、爲貴，耳目口體之身是小體，爲賤。雖說，大小貴賤皆該兼所愛、兼所養，然却不可以小害大、以賤害貴，此因，孟子有見於，常人只顧養身而忽略養心，所以，提出人之善養不善養的關鍵，就在於他在生心動念之時，對一己之身，是取大體而養，還是取小體而養。養大體者爲大人，養小體者爲小人（由此看來，孟子似有鄙薄小體之意，實則不然，孟子所持的小大之辨，是在魚與熊掌不可得兼的情況下，自必有的價值取捨，且孟子亦以正當健康地養其小體，甚有助於大體之實現）。最重要的是，孟子認爲，心是能省思心所同然之理義的，因而，若人能夠反求體察而先立其大，那麼，就能成爲免除感欲之攪擾，且能不爲其所蒙蔽的大人了。

再者，孟子認爲，人之所以爲不善的第三個原因是：人會因弗思之閉隱而放失其心，所以，孟子要人求其放心與擴充四端。

〈告子上〉曰：「仁，人心也；義，人路也；舍其路而弗由，放其心而不知求，哀哉！人有雞犬放，則知求之；有放心，而不知求！學問之道無他，求其放心而已矣」

此言：孟子主張，人不但是人之所以爲人之根本（〈盡心下〉「仁也者，人也」），亦是心之所以爲心的根本（〈告子上〉「仁，人心也」），不啻如此，更是吾人應事接物的準則。所以，任何一個人，若不依本心所制定的準則去行，那麼，必然會失足。同理，本心放失而不知求，亦無異於失去人之所以爲人的內在本質，這就是人生最大的悲哀。然而，孟子此以雞犬放來比喻放心，其實，二者在本質上是有不同的。因雞犬放，須往外找，而人則無法自外頭別尋得一個心回來。是以，人之弗思而閉隱，其工夫修養的關鍵，就在於自覺地求其放心。而孟子亦是以此本心之自覺，乃一切工夫之開端，易言之，即須於本心自覺這根基上，其他一切修養工夫才用得上，才能彰顯出其意義與價值。並且，更深入地說，本心之自覺，並不只是一個開端，甚至，可說是無所不

在之工夫的全部，因為其他一切工夫，基本上就是本心之自覺的表現。依孟子之慨嘆，人只知道找回走失的雞狗，而不知去找回「我固有之」的本心，可知其對真生命的體悟之深。因此，他說：為學最重要的目的，就在於一念警覺，使得本心能夠及時自閉隱中躍起，當下呈現。而《大學》所謂「明明德」，程明道所謂「識仁」，陸象山所謂「復本心，先立其大」，王陽明所謂「致良知」，凡此皆同於孟子所謂「求放心」之義，而為為學的法度之言。

〈告子上〉曰：「惻隱之心，人皆有之；羞惡之心，人皆有之；恭敬之心，人皆有之；是非之心，人皆有之」

〈公孫丑上〉曰：「惻隱之心，仁之端也；羞惡之心，義之端也；辭讓之心，禮之端也；是非之心，智之端也。人之有四端也，猶其有四體也……凡有四端於我者，知皆擴而充之矣。若火之始然，泉之始達。苟能充之，足以保四海，苟不充之，不足以事父母」

凡此俱言：惻隱、羞惡、恭敬、是非之心，是天所與我、我固有之、人皆有之的。而惻隱之心，是仁的端緒，順此發端擴而充之即是仁；羞惡之心，是義的端緒，順此發端擴而充之即是義；恭敬之心，是理的端緒，順此發端擴而充之即是理；是非之心，是智的端緒，順此發端擴而充之即是智。

〈盡心上〉曰：「舜之居深山之中，與木石居，與鹿豕遊，其所以異於深山之野人者幾希。及其聞一善言，見一善行，若決江河，沛然莫之能禦也」

孟子即順平日所發心而存養的四端之心，終於在一個觸機之下沛然而發（如江河之水之浩瀁而莫可阻遏），來證明本心是可自覺地實現的。依此可知，人人皆可呈顯其本心善性，且隨時能表現此四端之心，因而，只要肯去為善，則一定可為善。其實，孟子進一步指出，當人自覺去為善時，道德的善意及本心，即已於肯去為善之時呈現了，所以，此覺並不是去覺一外在對象，而是覺他自己，亦即，是在本心隱而不顯時，逆覺其自己、體現其自己。是故，生命需要時刻警醒，本心時刻都要擴充，而不能有一息之鬆懈。

承上論述可知，孟子認為工夫修養的關鍵，只在於自覺地存此心、養此心、充此心、擴此心，所謂在心上作工夫、在性上得收穫。因而，要是離開了四端之心的自覺、存養與充擴，就沒有修養工夫可言，即使談修養，仍須借重一些外在的加持工夫（如靜坐默禱），但若沒有立大體之逆覺體證的本質工夫，則道德心靈終將隱歿萎縮，而所謂修養，也就無從說起了。

三、荀子論證性惡及工夫修養

由於，荀子乃通過「本始材朴」、「天之就也」、「天之所以然」等觀點來解讀「性」，故其所謂「性」，實只是客觀經驗中，原無善惡可言之自然而然的事實存在，依此，對於人性所取以瞭解的角度，自與孟子由心善以言性善的觀點，有著極爲顯著的不同。孟子就本心善性乃先天本有，主張人性本善，且人人皆可爲堯舜；然荀子，則自欲多不欲寡、順性則亂、無善而後求善等處著眼以言性惡。正因荀子著力於即性言情、即情言欲之角度，來把握人之存在，是以，欲求不但是受之於天，亦且是人性的具體呈現。

〈榮辱〉篇云：「人之情，食欲有芻豢，衣欲有文繡，行欲有輿馬，又欲夫餘財蓄積之富也。然而窮年累世不知足，是人之情也」

可知，荀子以不斷地追求欲望之滿足，而爲人性之常。

〈正論〉篇云：「人之情欲寡，而皆以之情爲欲多，是過也……古之人爲之不然，以爲人之情爲欲多而不欲寡，故賞以富厚而罰以殺損也」

荀子舉富厚賞之而有功，殺損罰之而見效之事實，說明自古以來，貪多務得乃人之通情。

〈禮論〉篇云：「人生而有欲，欲而不得，則不能無求；求而無度量分界，則不能無爭。爭則亂，亂則窮」

依此，順荀子之天性情欲一路往下思索，欲求勢必成爲無底的深淵。亦即，人若不知足地深陷於此，而疲於奔命無有已時，可就避免不了會發生爭奪殘殺的暴力行爲，而造成社會國家的混亂，這是荀子力主「性惡」的一大原因。

1. 荀子性惡的直接論證

荀子就「性」之本義，順之即易成「惡」的觀點，舉其正面的直接論證如下：

〈性惡〉篇云：「人之性惡……今人之性，生而有好利焉，順是，故爭奪生而辭讓亡焉；生而有疾惡焉，順是，故殘賊生而忠信亡焉；生而有耳目之欲，有好聲色焉，順是，故淫亂生而禮義文理亡焉。然則從人之性，順人之情，必出於爭奪，合於犯分亂理，而歸於暴……用此觀之，人之性惡明矣」

〈性惡〉篇云：「今人之化師法，積文學，道禮義者爲君子；縱性情，安恣睢，而違禮義者爲小人。用此觀之，人之性惡明矣，其善者偽

也」

〈性惡〉篇云：「今人之性，生而離其朴，離其資，必失而喪之。用此觀之，然則人之性惡明矣」

〈性惡〉篇云：「今人之性，飢而欲飽，寒而欲煖，勞而欲休，此人之情性也……故順情性則不辭讓矣，辭讓則悖於情性矣。用此觀之，人之性惡明矣，其善者偽也」

依此四則論證，可知荀子「性惡」之性，乃指好利、疾惡等心理情緒，好聲色之生理欲望，及飢欲食、寒欲煖、勞欲休等生物本能而言。且依「生之和所生，精合感應，不事而自然，謂之性」（〈正名〉）來看，性必然地包含此等動物性的自然情欲在內，此即意表，性與自然情欲乃是必然連結的分析關係。雖然，荀子是以「自然情欲」來說「性」，但他並未直就自然情欲本身而說其惡，顯見，「性惡」之惡，並不是說自然情欲本身爲惡，而是指人任順此等自然情欲而行（放縱恣肆性情，亦即從人之性、順人之情的「順是」所致），且不加節制的結果。易言之，惡即指爭奪、殘賊、淫亂此等犯分亂理的行爲活動而言，依此（性具惡傾，故人順性而無節制則生惡）可謂，自然情欲即是導生出惡者，且由荀子以自然材質或自然徵象爲性，可知其所把握到的性，即是內在於個體的自然生命中，且與自然生命同質同層者（同爲自然之質與經驗層）。

〈正名〉篇云：「有欲無欲，異類也，生死也」

這是說明：有欲之類，是生而即有欲，死而方無欲的，是以，荀子以欲爲性之意，即是以性若不是人生而即有，就是人生而即無的，而此即言，性必伴隨著個體生命之存在而有，而不與之相離的。所謂，若有性，則必是在個體生命之始成時即有，若無性，則必是在個體生命之始成時即無，或必待個體生命消逝時方隨之而喪亡的。依此可知，荀子言「性惡」之理據，即在於「今人之性，生而離其朴，離其資，必失而喪之」（〈性惡〉），而這亦是荀子非議孟子性善的所在。依孟子之言，失喪人性之善而後才生惡，則善性之喪亡，必是生而即喪（即人生而即喪善性，生而無有善性）。故而，再進一步地說，人既生而即喪善性，即意謂著人生而即內具成惡之性，荀子就以此言「性惡」。

2. 荀子性惡的間接論證

荀子以爲，人之性惡，乃本於人性中無善，而欲求善的初衷，是以，列舉其反面的間接論證如下：

〈性惡〉篇云：「凡人之欲爲善者，爲性惡也。夫薄願厚，惡願美，狹願廣，貧願富，賤願貴，苟無之中者，必求於外。故富而不願財，貴而不願勢，苟有之中者，必不及於外。用此觀之，人之欲爲善者，爲性惡也。今人之性，固無禮義，故彊學而求有之也；性不知禮義，故思慮而求知之也。然則性而已，則人無禮義，不知禮義。人無禮義則亂，不知禮義則悖。然則性而已，則悖亂在己。用此觀之，人之性惡明矣，其善者僞也」

〈性惡〉篇云：「凡古今天下之所謂善者，正理平治也；所謂惡者，偏險悖亂也：是善惡之分也矣。今誠以人之性固正理平治邪，則有惡用聖王，惡用禮義哉？雖有聖王禮義，將曷加於正理平治也哉？今不然，人之性惡。故古者聖人以人之性惡，以爲偏險而不正，悖亂而不治，故爲之立君上之勢以臨之，明禮義以化之，起法正以治之，重刑罰以禁之，使天下皆出於治，合於善也。是聖王之治而禮義之化也。今當試去君上之勢，無禮義之化，去法正之治，無刑罰之禁，倚而觀天下民人之相與也。若是，則夫彊者害弱而奪之，眾者暴寡而譁之，天下悖亂而相亡，不待頃矣。用此觀之，然則人之性惡明矣，其善者僞也」

〈性惡〉篇云：「故性善則去聖王，息禮義矣。性惡則與聖王，貴禮義矣。故櫽栝之生，爲枸木也；繩墨之起，爲不直也；立君上，明禮義，爲性惡也。用此觀之，然則人之性惡明矣，其善者僞也」

依此三則論證可知，荀子是欲藉人性中本無善而欲求善之心理動機，來反證人性是惡的。所以，他以爲聖人之所以明禮義、立君上、起法正、重刑法，乃因其明瞭人之性惡，且人性之中是無有禮義的。然因荀子是以正理平治爲善，偏險悖亂爲惡，且其主張人必須透過後天學習，才能認知禮義，以及，捨棄禮義的結果，就會導致偏險悖亂來看，荀子所謂的「性」實只是「惡」。

綜上荀子所推論之「以欲言性」，謂「人之性惡，其善者僞也」的直接論證，及「凡人之欲爲善者，爲性惡也」之間接論證，可知荀子論證「性惡善僞」的三大方向。固然，荀子的主張是「性惡」，但他並不即以情性之惡，來代表人生之全，〔註11〕亦即，荀子所指稱之「性惡」，究其實，只是欲提供人

〔註11〕關於此義，參閱周群振：《荀子思想研究》，頁58～62。

們一轉而向善之機，而此向善之機，即其所謂「化性起偽」的成德工夫，亦即教育哲學之義旨。而此誠如周群振先生所言：

> 「荀子思想之終極目的，本在於教人知理合道，明分使群，以成其『總方略，齊言行，知統類，一制度』之客觀效果，而此客觀效果之顯現，初必在具體行為中，有一與之相對的物事為其所之或所治，此即生而傾向於惡之性（欲）是也。有了生而傾向於惡之性為所對或所治，然後禮義或聖人之偽，乃有著時用力之場合以成其實效，否則即禮義及聖人之偽本身，亦將淹沒不彰，尚何客觀效果之可言乎？此又荀子堅稱性惡說之外一章，而為吾人所不可不加深察者。」〔註12〕

依此可知，荀子由經驗的、實然的領域，所瞭解的性，本是自然而然地易導向「偏險而不正，悖亂而不治」，但他並不認為，這就足以妨礙其為善。因而，荀子以抽象地說的「不可學，不可是而在人者，謂之性。可學而能，可是而成之在人者，謂之偽」，及具體地說的「感而自然，不待事而後生者也」謂之性，「感而不能然，必且待事而後然者」謂之偽（以上皆〈性惡〉篇語），來界說「性」與「偽」，並藉此闡明：「性」雖是「惡」，但猶可「化」，雖外在，猶可「起」之義。

〈儒效〉篇云：「性也者，吾所不能為也，然而可化也」

這即是說，通過後天之努力，經驗之學習，是可以改變生而即有之「性」。而此後天經驗之努力學習，所成就之為善的實踐工夫，在荀子看來就是「偽」。

〈禮論〉篇云：「性者，本始材朴。偽者，文理隆盛也。無性，則偽無所加；無偽，則性不能自美」

此言：本始材朴之性，本身無法自作實踐的工夫以成就美善，所以，必須仰賴人為之禮義文理等實踐工夫施加於其上，方才得以美性趨善。依此可知，荀子所謂「性」，純是先天自然，且人人相同的材質原料，此是被治的對象；而「偽」則是後天人為，而且，因人有異的實踐工夫，因此，為善的可能，〔註13〕是繫於「偽」而不在於「性」。

〈性惡〉篇云：「故聖人之所以同於眾，其不異於眾者，性也；所以

〔註12〕語出周群振：《荀子思想研究》，頁59。
〔註13〕「可能」乃意指偽可以成就善而不必盡善，所以，荀子只說「其善者偽也」，而不說「其偽者善也」。

異而過眾者，偽也」

而此即謂：現實上的人性，是聖凡與共的，然聖人獨能去惡存善，而為人倫之治。以下即就客觀面與主觀面，論述聖凡之別。

自客觀面而言：聖人是由積而致。

〈性惡〉篇云：「今使塗之人……積善而不息，則通於神明，參於天地矣。故聖人者，人之所積而致矣」

然則，何謂積？

〈儒效〉篇云：「積也者，非吾所有也，然而可為也……塗之人百姓，積善而全盡謂之聖人……積禮義而為君子」

這是說：積是後天人為的化性工夫，因而，無論是誰，只要他肯積學〔註14〕禮義、全盡禮義，且以之作為衡斷事物之是非曲直的準據，就可成為聖人。而這也就是〈榮辱〉篇所說：「材性知能，君子小人一也」。可見，不但「性」是人人皆同，「知」與「能」亦無有差異，而且，因材性知能是人人普遍地相同的，所以，荀子謂「化性起偽」方有可能。其次，依〈榮辱〉篇所言：「知」（慮）可以積且越積越明，「能」〔註15〕可以息且越習越能，可知荀子之「化性起偽」，實兼含客觀面的積習禮義（即積偽），與主觀面的「以心治性」等雙重含義。依此，則通過後天人為的學與盡，就是積偽。

然而，自主觀面而言：荀子「以心治性」之型態為何呢？

〈解蔽〉篇云：「心，生而有知」

即言：這個天生具有能知作用的心，不但可以認知事物以成就知識，〔註16〕

〔註14〕自表面觀之，經驗的學習似乎只能獲取知識；然依荀子看來，知識之所在，亦正為道德之所依，故其所謂之積學，也就等同於所謂積善。

〔註15〕荀子所謂：積善與全盡禮義，就可以為聖人，即是依據〈性惡〉篇：「塗之人也，皆有可以知仁義法正之質，皆有可以能仁義法正之具，可以為禹明矣」而說的，而此即言，人所以能作積善與全盡禮義的實踐工夫，就在於人人皆有可以知與可以能（行）仁義法正之質具；而此質具就是人之所以能作積善與全盡禮義之實踐工夫的依據。而由積善、全盡禮義、積習理義等，皆是道德實踐工夫，也就是偽，因此，實踐工夫所據以成的可以知與可以能仁義法正之質具，就是可作實踐工夫的能力。即此實踐工夫乃依質具而立，亦即是說，偽乃據此能以成。

〔註16〕內在於荀學系統來看，可知荀子並沒有落在知識這方面去著力，其乃秉持著儒家一貫的道德理想，將重點投注於成德理論，亦即道德實踐的行為問題上。而由〈正名〉篇云：「道者古今之正權也；離道而內自擇，則不知禍福之所託」及「故人無動而不可以不與權俱」，可知道乃行為的準衡，是以，荀子言心，

而且，可以認知道。

〈解蔽〉篇云：「人何以知道？曰：心。心何以知道？曰：虛壹而靜」

〈解蔽〉篇云：「心知道然後可道，可道然後能守道以禁非道」

這是說明：「心」是如何認知「道」的，「心」若通過虛壹而靜的修養工夫，就能認知道，認知道後，就能肯定道，肯定道後，就能守住道而禁制所有不合乎道的行為。

〈儒效〉篇云：「道者，非天之道，非地之道，人之所以道，君子之所道也」

〈正名〉篇云：「道也者，治之經理也」

〈不苟〉篇云：「禮義之謂治，非禮義之謂亂」

〈彊國〉篇云：「道也者，何也？禮義、辭讓、忠信是也」

依上可知，荀子所謂「道」，是指人道、治道，亦即「禮義」而言。且關聯著知道、可道、守道、禁非道，亦可知荀子所謂「以心治性」，並不是直接以心來治性，而是通過「禮義」來治性的。易言之，荀子是以認知型態而言心能治性的。而荀子言心能治性之「心」，乃指認知心，其「性」則指能發動行為活動的欲求。〔註17〕

〈正名〉篇云：「欲過之而動不及，心止之也。心之所可中理，則欲雖多，奚傷於治？欲不及而動過之，心使之也。心之所可失理」

此言：認知心雖無法生起行為活動，但卻能使發動行為活動的欲求，依從於其所可，而這就是荀子之謂，若「心」以禮義來治「性」，則人就必然能夠實踐「禮義」而成善致治（即可道，然後能守道，以禁非道）的義理根據。由此亦足證明，「心」能否以「禮義」來治「性」，亦即，人願否從事道德實踐之成德工夫，這是人可否「化性起偽」、去惡從善的關鍵。然此「心」能否以「禮義」來治「性」，端視心知的認知情況而定，〔註18〕而心之認知又有賴於實際之工夫修養。

亦直接從心能知道說起。

〔註17〕依一般瞭解：認知心並不能生起人的行為活動，充其量，只能決定行為活動的方向與表現的程度。

〔註18〕依荀子，人性惡，故性分中無禮義之善。〈性惡〉篇云：「凡禮義者，是生於聖人之偽，非故生於人之性也」，此由禮義是出於聖人之積學創制，可知人欲得禮義，必經由後天的認知學習方有可能。

雖然，荀子主張「人生而有知」、「心生而有知」（〈解蔽〉），亦即，人生而即有知的能力，心生而即有知的能力。但是，自荀子言人心如槃水的譬喻，可知其所依以瞭解的「心」，只是一必須透過認知作用，才能容受外物的「認知心」。

〈解蔽〉篇云：「小物引之，則其正外易，其心內傾」

〈解蔽〉篇云：「凡人之患，蔽於一曲而闇於大理」

亦因心知必透過感官之經驗現象，所以，能知之心易對所知之物，自起偏執與產生蔽塞。是故，若欲「心」之認知，能夠如實而客觀地發揮效用，就必須依於客觀外在的「禮義」來做判斷（以理導心），〔註19〕和作修養的工夫以保持心之清明（以清養心）。

3. 荀子論工夫修養

依循荀子，人生而即有的認知，〔註20〕在現實層面上作用的結果，並不必然地足以認知，客觀而外在之禮義，是以，荀子認爲：「心」必須作虛壹靜工夫而後有的認知能力，方能知禮義。然則何謂虛壹靜？何以心作虛壹靜的工夫，就必然能認知禮義？

〈解蔽〉篇云：「心未嘗不臧也，然而有所謂虛；心未嘗不兩也，然而有所謂壹；心未嘗不動也，然而有所謂靜。人生而有知，知而有志；志也者，臧也；然而有所謂虛；不以所已臧害所將受謂之虛。

心生而有知，知而有異；異也者，同時兼知之；同時兼知之，兩也；

〔註19〕由〈解蔽〉篇：「夫道者，體常而盡變，一隅不足以舉之。曲知之人，觀於道之一隅，而未之能識也」，可知禮（荀子之言道即指禮言，而禮與禮義因意同常相通用）之體乃通貫統攝一切理，且是常而不變的，而禮之用則應事而極盡變化。依此，則心之偏執一隅、蔽塞不通，是即僅把握道理應事所表現出的那一面之理，而未能通貫統攝一切是爲變化之理的理之全體本身（即未能全盡禮）。因而，荀子以爲，必須通貫事理才能知禮，亦即必須心無偏執蔽塞才能知禮。而心之知又是相應感官經驗而言，所以，須由事爲變化來把禮，亦即，須由禮之用來知禮，才能消極地保住心之相應於感官經驗現象所生發的認知作用，並積極地保存心之清明而統貫事理。

〔註20〕由〈王制〉篇：「水火有氣而無生，草木有生而無知，禽獸有知而無意，人有氣有知亦且有意，故最爲天下貴也」，可知荀子認爲人有知，動物亦有知，而此即意表，生而即有的知與動物之知，乃無以異。然自動物之知，僅係知覺作用而言，人所生而即有且同於動物之知，就是指知覺作用。但畢竟，人是不同於其他一般的動物，所以，荀子認爲，人可自生而即有的現實層面中超脫出來，自己作道德實踐的工夫，進至眞正理想層面的價值存在。

　　然而有所謂一；不以夫一害此一謂之壹。心臥則夢，偷則自行，使
　　之則謀；故心未嘗不動也；然而有所謂靜；不以夢劇亂知謂之靜。
　　未得道而求道者，謂之虛壹而靜。作之：則將須道者之虛則人，將
　　事道者之壹則盡，盡將思道者靜則察。知道察，知道行，體道者也。
　　虛壹而靜，謂之大清明」

此言：虛壹靜之工夫，是心認知禮義、實踐禮義的必要條件，是以，荀子於
此揭露出，「心」當該如何作虛壹靜的工夫，及其與大清明間的關係。所謂藏、
兩、動和虛、壹、靜，乃就心之知而言，這是說心知不僅能夠容收積藏、同
時兼知與行意念活動，且更能夠容藏無限、專心一志與不攪擾知慮。依心知
於現實層面上的作用來看，雖總有藏、兩、動之表現，但通過工夫之修為，
於理想層面上卻可達到虛、壹、靜之境界。亦即，所謂的藏、兩、動，是順
著「人生而有知」、「心生而有知」而言，是指生而即有的知，這是現實層面
上之作用的表現，而虛、壹、靜，則是就通過後天實踐工夫而有的認知能力
而言，此是實踐工夫之知，在理想層面上之作用的表現。因此，藏兩動和虛
壹靜，雖同就心之知而言，但一指生而即有之知，一指實踐工夫之知，兩者
並不是同一層面之知的作用表現，所以，此間既無文字表詮上所顯示之同一
層面的關係，亦無同一層面之橫的排斥對立之關係。

　　首先，荀子所言，人生而即有知的本能，能知而將所知之事物記憶存識
於心中，這就是心之容藏的作用。因著心有容藏作用，故人能成就淵博的知
識，但也容易造成偏執和成見，此即所謂「私其所積，唯恐聞其惡也；倚其
所私以觀異術，唯恐聞其美也」（〈解蔽〉）。換言之，人心時會相應於感官之
經驗現象而起認知的作用，有認知就會有記憶容藏，而已有容藏就不免會顧
此失彼而引生出蔽害。所以，心仍必須在記憶容藏之外，做到不因已有所知
有所藏而蔽塞，以致害及於對未來事物之接受。依此，「虛」始能使心不斷地
通流，無限地認知與容受，而此乃能就「藏」所引生出的蔽害，為其對治之
對象而成全心之知與受之作用者。然「虛」與「藏」並非同一層面上的作用，
且當中亦無相互排斥對立的關係。依此可知，心虛則心就能不斷地相應於感
官之經驗現象，而應事變化地對客觀事理有所知，而此知，即是通過心之不
偏執蔽塞之知「體常而盡變」之禮的知。由此即可明瞭，何以必先作「虛」
的工夫，心才能認知禮義。

　　其次，荀子所言，人生而即有知的本能，能知就能辨識各種事物的不同，

據心能同時對相異的事物，皆加以認知而言，意表心有兼知的作用。而由於心有兼知的作用，故人能具有多方面的成就，但也容易分散心力而一事無成。所謂「類不可兩也，故知者擇一而壹焉」（〈解蔽〉），即言：人心時會相應於感官經驗之雜多現象而起認知的作用，有認知就會有辨識，而有了辨識，就免不了會相互混淆而引生出蔽害。所以，心仍須於辨識兼知之外，作到不因所知之彼事物其性質是相異於所知之此事物而執彼斥此，以致不能對所知之彼此相異的事物，加以通貫統攝而令其彼此相互危害。依此可知，「壹」能使心不斷地通貫而爲一無限地認知與兼辨，是乃能就「兩」所引生出的蔽害爲其對治之對象，而成全心之知與辨之作用者，而「壹」與「兩」並非同一層面上的作用，當中並無相互排斥對立的關係。依此，心壹則心就能不斷地相應於感官經驗之雜多現象，而對相異之事物加以分辨認知，而此知，即是通過心之不分散專一之知禮的知，且由此知是心認知統貫所知之相異事理，才能把握而全盡禮。據此心之知禮，是透過禮之用所知，亦可明瞭，何以必先作「壹」的工夫，心才能認知禮義。

再者，荀子言心，無論是處於睡夢及懶惰中的任運漫行，抑或，是使之計慮謀劃的作意自用，它都是相應於感官之經驗現象而時時活動著的。亦即，人心時會相應於感官之經驗，是何現象而起認知的作用，有認知，就會有意念活動，而有意念活動，就不免會受感性影響而引生出蔽害。所以說，心在現實上雖有意念之活動，但在理想上（亦即在工夫上）是可做到，不要使伴隨過去經驗而有之內在於人心之自起或他起的心思雜念〔註21〕等心理現象，擾亂了心之知慮作用，而這就是「靜」的境界。依此可知，「靜」能使心不斷地活動，無限地認知與思慮，是乃能就「動」所引生出的蔽害（心之知爲夢、劇所亂），爲其對治之對象，而全成心之知與慮之作用者，而靜與動亦非同一層面上的作用，且當中亦無相互排斥對立的關係。是以，依荀子，心靜則心就能不斷地相應於感官之經驗現象，而不被影響地自感性現實之束縛中解脫出來，如實客觀地認知，且此知，即是通過心之活動而不受感性影響之知禮的知。故而，由槃水照物一例中所言，心爲外物所傾側而失其清明，就不能認知客觀的事理（理是外在於人的客觀之理）可知，心知若爲夢劇所亂，就

〔註21〕雜念有自起與他起之別。「夢」是自起的雜念，故楊倞釋爲想像，而「劇」是他起的雜念，故楊倞釋爲囂煩。參閱李滌生：《荀子集釋》，頁486，原註11，以及，王先謙：《荀子集解》，頁650。

不能對客觀的事理有所知，亦即，就不能認知由禮義所表現出來的理，由此即可明瞭，何以必先作「靜」的工夫，心才能認知禮義。

綜上所述，心雖生而即有易受感官之經驗現象所影響而起的藏兩動等作用，然因此等作用，會引生出心之偏塞、分散、攪擾等有害於心之知的蔽害，以致心無法不斷地應事即能如實而客觀的認知客觀之事理，與統貫所知之相異事理。所以，心必須作（從事）不受感官之經驗現象所影響之虛壹靜的工夫，而令此上層面之虛壹靜的作用通化，或成全下層面之藏兩動的作用，以使心得「不以所以藏害所將受」、「不以夫一害此一」、「不以夢劇亂知」，如此，心方能成一開放而不偏塞、貞一而不分散、靜定而不攪擾之「虛壹而靜」之「心」。

依荀子，禮是「體常而盡變」，心是透過禮之用來知禮的看法（心認知統貫所知之相異事理，才能把握而全盡禮〔註22〕），可知「心」必須通貫統攝一切客觀事理，方能全盡「體常而盡變」之禮。易言之，即心必須作虛壹靜的工夫，才能知禮（實踐工夫之知即知慮），而生而即有之知（即知覺〔註23〕），是不足以認知禮義的。〔註24〕因而，荀子以為：對於那些還未求得道（即禮義）而有志於求道的人，就告訴他們，針對要求得道（禮）而作之虛壹而靜的工夫修養，只要人作虛壹靜的工夫，則心就必然地會知禮。是以，就人只要作虛壹靜的工夫，則心就必然地會知禮來看，知虛壹靜的工夫，是作虛壹靜工夫的前提。亦即，使人明瞭有此針對得到知禮的虛壹靜之修養工夫，只是指引有志求道者之一條得道的途徑，而此所重在知；但荀子認為，還必須真正落實去實踐此修養工夫，才算真正求得禮，而此所重在行。因而，若欲知禮，就須將虛壹靜之工夫身體力行，也就是，當使心「虛」，心虛則能開放接受容藏外物，且能應事變化而入裡地對客觀事理有所知；當使心「壹」，心壹則能貞一心志、辨識外物，且能盡將相異之事物分別加以認知與統貫；當使心「靜」，心靜則能靜定原則，且不受外物攪擾，如實而客觀地認知體察事理。如此認知道而能明通、認知道而能實踐，這才是真正能身體力行道的人。而就認知與實踐虛壹靜之修養工夫，所達到的最高心靈境界，就是大清明之心，是以，虛壹靜就是使心成為大清明之心的修養工夫。李滌生先生言及，

〔註22〕參閱前註19。
〔註23〕有關知慮與知覺，參閱第一章第二節。
〔註24〕關此禮義述解，主要參考何淑靜：《孟荀道德實踐理論之研究》，頁 96～104；李滌生：《荀子集釋》，頁 484～486；蔡仁厚：《孔孟荀哲學》，頁 414～415。

此乃荀子異於道家之言虛靜處—「是由科學的心理學而盡入哲學的心理學」。
〔註25〕

依據上述，心作虛壹靜的工夫，就必然能認知禮義，可知認知禮義只是道德實踐的初步，亦即，相對於實踐禮義而言，認知禮義僅爲尚未推進到行之階段的知之階段，然則，認知禮義與實踐禮義間的關係，又是如何呢？

〈解蔽〉篇云：「心知道然後可道，可道然後能守道以禁非道」
可知心認知禮義而後，才能認可禮義，心認可禮義而後，才會實踐禮義。依此，則進一步據以解析，認知、認可、實踐禮義三者間，究竟存在何種關聯。

1、首言，認知禮義與認可禮義間，存在著順承的連帶關係：

就自然情欲之性有惡傾而言，此自然情欲之性是非禮的，〔註26〕所以，荀子主張心能治性，亦即，心以禮義來對治自然情欲之性，也就是「守道以禁非道」之依禮義來禁止非禮義的意思；此是第一點推論。復因，發動行爲活動之欲求，依從於心之所可，可見，道德實踐之以禮義來對治有惡傾的自然情欲之性（亦即心以禮義來治性），就是心認可禮義，而依禮義來對治性之意；此是第二點推論。再則，據荀子之瞭解，禮義是外在於人的客觀之理，心則是易爲感官之經驗現象所傾側而失其清明的認知心，因而，若要人能定是非、決嫌疑，就須保持心之清明（指心之知慮，不爲外物所蔽限，而能自由自主地自作決定）以認知禮義。所以，依認可禮義而依禮義來對治性的前提，就是認知禮義與保持心的清明；此是第三點推論。然而，保持心之清明，須作虛壹靜的工夫，前述心作虛壹靜所形成的實踐工夫之知，能通化成全相應於感官之經驗現象而起的生而即有之知，使不爲外物所蔽限，不過，綜觀荀子之虛壹靜的工夫，不只能夠成就認知的作用，而且，還能夠成就認可的作用。

〈解蔽〉篇云：「心者，形之君也，而神明之主也，出令而無所受令。
自禁也，自使也，自奪也，自取也，自行也，自止也。故口可劫而使
墨云，形可劫而使詘申，心不可劫而使易意，是之則受，非之則辭。
故曰：心容，其擇也無禁，必自現，其物也離博，其情之至也不貳」
此言：作虛壹靜工夫的心，不但是人形體的主宰，且亦爲生命之能超凡入聖、

〔註25〕語出李滌生：《荀子集釋》，頁487，原註15。
〔註26〕此可徵諸〈性惡〉篇：「所謂善者，正理平治也；所謂惡者，偏險悖亂也」，
　　　　及〈不苟〉篇：「禮義之謂治，非理義之謂亂」，可知惡就是偏險悖亂，也就
　　　　是非禮義。

而達神明境界的主要依據，其能依知慮判斷來自主自動地決定是非拒受，因它不同於口之於言說、行之於屈伸之可能因爲外在因素而改變，心所作的決定，是不因任何外在因素而改其所作之決定的（此即言心之認可，乃依從於心之自主的決定）。此外，就心之知與慮等實際內容言，一方面，心慮能自由自主的、毫無禁限地做選擇，且其所做的選擇，也會自動地表現出來；另一方面，心知能專一自持，而不爲其所知之雜多外物蔽限。自心的慮擇都出自其自由自主的決定而不受任何禁限，即意表心有自由選擇的能力，亦即，心有自由意志，〔註27〕而此自由選擇不受禁限的能力，指的就是心慮的選擇作用可不受禁限，並不是說，心能自立法則且能自主地依其所立之法則而生起行爲活動。並且，由於心之認可乃依從於其自由之選擇與自主之決定，可見心之認可乃依從於心知慮擇。故而，依此虛壹靜的工夫，不僅能夠通過不受外物蔽限的心知，來成就認知禮義的作用，亦能夠通過心之自由自主的慮擇，來成就認可禮義的作用；此是第四點推論。

　　而依上述四項推論來看，認知禮義與認可禮義間，乃存在著順承的連帶關係，而其必然連結關係，乃是通過心之清明來維繫與保證的，是以，可歸結出，只要作虛壹靜的工夫，以保持心之清明，那麼，「心」在認知禮義之後，自會認可禮義。

　　2、次言：心在認可禮義之後，就必然會以禮義來治性：

　　　　〈正名篇〉云：「凡語治而待去欲者，無以道欲而困於有欲者也。凡
　　　　語治而待寡欲者，無以節欲而困於多欲者也。有欲無欲，異類也，

〔註27〕所謂心有自由意志，可有二義：一指心可自由地選擇、自主的決定，而不受任何禁限，此是就「認知心」所說的意志自由，荀子屬之，一指心能自立法則，並可自主地依其所立之法則而生起行爲活動；此乃就德性心所說的，具有創造性的自由意志，孟子屬之。荀子言心有此自由意志一義，韋政通先生於其《荀子與古代哲學》，頁127～131舉出：陳登源先生依此而言，孟荀兩家皆主心善，與葉紹鈞先生言荀子與孟子之論心實無二義，其實二位都犯了將極少數的言論孤立起來，而「蔽於一面，闇於大里」的謬誤。韋氏以爲，陳葉兩氏不應執著於心善是較爲人熟悉之儒家一貫的傳統，就以爲既是儒家的荀學，必與孔孟有直線相承的關係。韋先生指出：即使荀子自己曾不自覺地在具體生活中，不是隱約地對德性心有所體會，並說出與其以智識心之學問基本型態不相一致的話，那亦同於其他學者，亦皆極有可能會處於體會歸體會、系統自系統的分裂之中。而荀子一方面言心之主宰義，另一方面又不承認性善，便是由於此分裂所形成的矛盾，且此矛盾亦啓示吾人對於那些在系統內，所不自覺夾帶出之偶有的異質言論，不應作爲採證的警惕。

生死也，非治亂也。欲之多寡，異類也，情之數也，非治亂也。欲
不待可得，而求者從所可。欲不待可得，所受乎天也；求者從所可，
所受乎心也。所受乎天之一欲，制於所受乎心之多，固難類所受乎
天也。人之所欲生甚矣，人之惡死甚矣；然而人有從生成死者，非
不欲生而欲死也，不可以生而可以死也。故欲過之而動不及，心止
之也。心之所可中理，則欲雖多，奚傷於治？欲不及而動過之，心
使之也。心之所可失理，則欲雖寡，奚止於亂？故治亂在於心之所
可，亡於情之所欲」

此言：凡是討論而主張去欲與寡欲，都是沒有辦法眞正疏導與節制人欲，而
終究是會爲有欲或多欲所困擾的。其實，有欲無欲，是因類而有不同（如動
物有欲、草木無欲），且有欲與個體生命之存在，是必然無法相離的（即生則
有欲、死方無欲），這並不是源於治亂的決定因素。欲之多寡，亦因類而有所
異，且有欲之類者，其欲之多寡仍係天生實情自然如此（人則多欲、禽賊寡
欲），此亦非起於治亂之決定因素。是以，據荀子說法可知，欲之有無、多寡，
乃是人爲所無能更改之天生自然的客觀事實（即性），原與治亂無關，即因荀
子乃以治亂決定，能否依禮義來導欲節欲，所以，導欲節欲是爲人成之事（即
僞），而非天生之事。

　　其次，依人之爲個體生命存在而後才有行爲活動的表現，及有行爲活動的
表現才有成治成亂可言，欲求雖亦能發動行爲活動，且與個體生命之存在，是
必然地不相離，但是，欲求卻不能全然地主宰支配行爲活動。這是因爲，欲求
雖是受之於天性，但由於欲求所表現出的行爲活動，須是通過心的慮擇，亦即，
欲求是受心之所可所致的，所以，天生之欲求與實際之行爲活動間，常不相一
致。因此，欲求之依從於心之所可，而導致行爲活動不必然地依從於欲之所求，
就是欲求能發動行爲活動，但卻不能全然地主宰支配著行爲活動的原因。植基
於此，人才會在欲生惡死的心態下，通過心之「不可以生而可以死」的慮擇，
而表現出捨生就死的行爲活動。換言之，捨生就死之行爲活動的背後，是並存
著欲生惡死之欲之所求，與不可以生而可以死之心之所可，而行爲活動的表現，
乃依從於心之所可，而不依從於欲之所求的原因，就在於欲求是受心之所可所
制的。依此可知，行爲活動的表現，若依從於心之所可，並不是直接地依從，
其間是須曲折地透過欲求爲心之所可所制的。〔註28〕由於，行爲活動乃依從於

_____

〔註28〕關此簡別，何淑靜先生論之甚詳，參閱《孟荀道德實踐理論之研究》，頁 117

心之所可所制，所以，當欲求將發動行為活動之際，思慮就於此刻對欲求所將發動的行為活動，加以判斷，而作可與不可的擇定，之後，心即依此慮擇的結果，來使、止欲求。而這就是行為活動通過欲求之為心所可所制，不依從於欲之所求，反而依從於心之所可表現所經歷的過程。依從於心有使、止欲求之作用的能力，欲求及其行為活動之表現，會依從於心之所可，亦即，心並無生起行為活動之作用的能力，它只有使行為活動依從於其所擇定之行為活動的方向，與表現程度之作用能力而已。是故，心乃能以其所可，對有所過的欲求加以制止，及對有所不及的欲求加以促使，使得行為活動的表現，能不及於欲求之所過，與過於欲求之所不及。

　　然而，心只具有使、止欲求之作用的能力，乃導因於：荀子所依以瞭解，能有所可的心，基本上是認知心，而這就是能有所可的心，無法生起行為活動的原因，亦為行為活動之依從於心之所可，而表現所以必經欲求為心所可所制此一轉折的原因。儘管，荀子所言之認知心，不能生起行為活動，但卻能使行為活動依從其所可來表現，這亦說明了心之所可的心，實非純粹認知意義的心，而是兼具實踐意義的心。抑且，行為活動乃依從於心之所可，即指行為活動之表現為成治或成亂的結果，是由心之所可，知中理或不中理來決定的，並由「治亂在於心之所可」與「禮義之謂治，非禮義之謂亂」（〈不苟〉）來看，心之所可中理與失理的理，指的就是禮義，因而，也可以說，成治成亂的決定因素，並不在於情之所欲，而是決之於心之所可是否合於禮義。而心之所可是否合於禮義，指的就是心是否認可禮義而以禮義來治性的意思。據此成治成亂的決定因素，就在於心是否認可禮義且以之來治性，且成治成亂乃繫於人是否以禮義來導欲節欲，可知：若說心能以其所認可的禮義來使、止欲求，那麼，就是意謂著，心能以禮義來導欲節欲，亦即，心能以禮義來治性，人就會實踐禮義而成善致治。

　　3、復次，因著心能以禮義來治性，所以，心認可禮義且以之來治性，則人就會實踐禮義而成善致治：

　　　　荀子之認知心本身，雖無法直接生起行為活動，但由發動行為活動
　　　　之欲求，必依從於心之所可（即心能發動行為活動之欲求行使、止
　　　　的作用，而使得行為活動依從其所可）來看，只要心認可禮義而以
　　　　禮義來治性，則人就會實踐禮義而成善致治。而性與惡之間的關

　～118。

係，所以是綜合的、無必然性的，乃因欲求是受心之所可所制，易言之，即因心能以禮義來治性的緣故。依此亦可知，人之所以能由性惡，轉而爲成善致治，就是因爲，具有惡傾的自然情欲之性，乃受制於心之所可，亦即，心能以禮義來治性，所以說，荀子雖言人性有惡傾，但成善致治仍有其可能。故言，欲求乃受心之所可所制，就意謂著，性是可化可節的，而性之可化可節，就是成善致治之所以可能的消極根據，前述心能以禮義來治性，則是成善致治之所以可能的積極根據。

4、再者，依據「心」虛壹而靜，就必然地會認知禮義，且必然地會實踐禮義，可知認可禮義與實踐禮義、實踐禮義與成善致治間，有著必然的連結關係，然而，因著心作虛壹靜的工夫，是無普遍必然性，且並非人人皆可成就道德、實踐道德，因此，成善致治之境，並不必然地會實現：

〈正名〉篇云：「以所欲爲可得而求之，情之所必不免也。以爲可而道之，知所必出也。故雖爲守門，欲不可去，性之具也。雖爲天子，欲不可盡。欲雖不可盡，可以近盡也。欲雖不可去，求可節也。所欲雖不可盡，求者猶近盡；欲雖不可去，所求不得，慮者欲節求也。道者、進則近盡，退則節求，天下莫之若也。凡人莫不從其所可，而去其所不可。知道之莫之若也，而不從道者，無之有也」

此言：人以欲求是該得滿足的而去追求，如此之心態，顯然是天生自然而無可避免的，而若以人的欲求是能爲心之所可而疏導，如此的想法，必定是出自於知慮的作用。因而，即使賤爲守門，也不能去掉與生俱來的欲求，且即使是貴爲天子，其欲求也不可能會得到充分地滿足（此因欲求之表現行爲活動，必受之於心之所可所制之故）。只是，貴爲天子其欲求雖無法得到充分地滿足，但已是可以接近滿足了，而賤爲守門雖不能去掉與生俱來的欲求，但卻可對所欲之求加以節制。是以，荀子認爲，節制欲求的標準，就在於道，亦即禮義。所謂「禮者，節之準也」（〈致仕〉），說的就是，禮能使貴者之欲求幾近滿足，使賤者之欲求該知道節制，因而，荀子以爲，天底下再也沒有比道，更足以節制人欲了。而人若能知「禮」，是對欲求所當滿足的程度之劃定，具有客觀普遍地有效性，而爲節欲的惟一標準，如此，就沒有不依從於禮之所可，而爲追求欲望之滿足爲標準的，亦沒有不依從於禮之所制，而去掉禮所不許可之欲求的，而此即爲「守道以禁非道」之意。

易言之，人之依從於禮之所可所制，而作為欲望之追求標準時，乃是因為，欲求依從於心之所可所制，也就是說，心認可禮義而依禮義來治性的結果。依此，由人知禮是節欲的標準，就必然地會依從於禮，來作為欲求之追求標準來看，荀子即是肯定：人在知禮後，就必然地會依禮來實踐而成善致治的，也就是說，由於欲求必依從於心之所可所制（性必然地應為心所治），與心認可禮義就必然地會以禮義來治性（心必然地會依其所可來治性），可進一步推論，認可禮義與實踐禮義、實踐禮義與成善致治間，有著必然的連結關係。

內在於荀學的思想體系，可知其以道德實踐之首，乃在心上作虛壹靜的工夫，所以，只要「心」虛、壹、靜，則其認知禮義與認可禮義都是必然的，而且，只要「心」虛壹而靜，就必然地會認知禮義，且必然地會實踐禮義。基於上述，若欲從其系統外來檢視其道德實踐（成德）理論中，實踐禮義而成善致治，是否具有普遍的必然性之問題，就須端視：心作虛壹靜工夫，是否具有普遍的必然性而定。然而，依前論述，心作虛壹靜的工夫，是須經由他人告知，且非由心內發而自作，是以，自無內在普遍的必然性。此外，依前解析，心之虛壹而靜，是通過後天經驗修養而成的，並非心生而即自然如此的，而此即意味，並非人人皆必然地會作虛壹靜的工夫，亦即，心作虛壹靜的工夫，是無普遍必然性的。依心作虛壹靜的工夫，是無普遍必然性，可知人作道德實踐，亦無普遍的必然性，也就是說，並非人人皆可成就道德、實踐道德的。

既然，荀子是在性惡的前提之下，強調道德實踐之工夫的重要，所以，他對道德實踐如何可能之問題，有其自成系統的理論說明。於其理論系統之構作中，荀子以行為活動乃由欲求所發動，而行為活動之所以會有道德與非道德之別，則是取決於心是否認可禮義。由於，心能認可禮義且以之來治性，故心之慮擇能透過禮義來作為欲求之可與不可之判斷標準，而後心再依慮擇之所可來對欲求作使、止的作用，而使得欲求發動的行為活動，依從於心所認可的禮義而表現，是即能成就道德行為。

依心能認可禮義及能成為道德行為而言，荀子所瞭解的心，雖是認知心，但亦兼具有實踐意義的作用。然而，依荀子之思路，此具有實踐意義的心，並不含有能生起行為活動之意，亦即，認知心本身並不能直接地成就道德行為，其所成就的道德行為，是依從於禮義而成的。但禮義並不是心所內在而

本有，而是外在於人之客觀經驗中的存在，也就是說，禮義是在外在於人之虛壹靜之心而為後天地經驗地獲得者。根據心依從外在之禮義所成就的道德，就是他律道德，可知荀子所瞭解的道德，乃是成之於後天經驗的他律道德。以是觀之，因著荀子是以禮義為外在於心之後天客觀經驗中的存在，故而，其道德實踐之成德理論，並不能保證人人皆能成就道德實踐，也就是說，荀子所謂之道德實踐，並無普遍地必然性。

此外，荀子以認知心本身，並不能直接地成就道德行為，即言心〔註29〕不能內在而自足地生起道德行為，而成就道德實踐。易言之，心之實踐義的作用，是不能決定道德實踐之成的，甚且，心之所可，亦即知慮的選擇，實有中理與不中理。心可選擇順從欲求而對之加以認可，心亦可選擇悖反欲求而認可禮義，則心既不能生起行為活動，且認可選擇的標準又在於客觀而外在之禮義，可見，心只是成就道德實踐之憑依因，〔註30〕其對道德實踐之完成，是沒有決定性之作用的，亦即，心作為道德實踐的憑依因，是不足以保證人人皆能作實踐道德的。

而由牟宗三先生以「本源不透」〔註31〕形容，荀子將不安之一念理想所發之禮義推至於外，且不能善反於不忍之一念所認取的心性之善，來看作為道德實踐之主觀依據的心，並不能內發而自作虛壹而靜的修養工夫，且作為道德實踐之客觀依據的禮義，也只不過是客觀而外在之後天經驗中的存在。故而，依此所言之道德實踐的理論，並不能保證人人皆能必然地作道德實踐，而此即謂，荀子所說的道德實踐，並無普遍地必然性。定調於此，可知荀子對於道德實踐如何可能之問題的理論說明，不夠圓滿完善，且其道德實踐之成德理論，亦不夠充盡完備，亦即是說，荀子實不能充其極地建立起，他所主張，人人皆可為堯禹的終極理想。

綜上推論，荀子基於化性起偽，而一步步闡述道德實踐是如何可能的命題論證，似是：若心作虛壹靜的工夫以保持心之清明，就必然地會認知禮義；

〔註29〕荀子唯以心為認知主體，雖由心有自由意志，就極易將心聯想成實踐主體，但荀子的自由意志，是指知慮能自主自動而不受禁限地做選擇，並不是指，心能內在而自發地自立法則以生起行為活動。

〔註30〕言心是成就道德實踐之憑依因，乃因心對道德實踐之完成，沒有決定性之作用，這是外在地深入於荀學系統的探討與檢視。若是內在於荀子論心的架構來看，由於心能作虛壹靜的工夫和心能治性，是以，荀子視心為道德實踐之主觀依據。

〔註31〕語出牟宗三：《名家與荀子》，頁203。

虛壹靜之心在認知禮義後，就必然地會認可禮義；心認可禮義就必然地會以禮義來治性；而心以禮義來治性，性就必然地會爲心所治而成善致治。然而，此由虛壹靜之心，來保證其所主張之道德實踐的所有途徑，其關係都是必然連結的看法，客觀地說，只是自成一系統的論述，其中並無普遍有效之保證。

四、孟荀之比較

依孟子之論證性善及其工夫修養，與荀子之論證性惡及其工夫修養，可知孟荀言「心」與「性」，確有其相異之處。而心性論證乃成德理論的根基，亦爲深究荀子教育哲學，最重要的立論之所在。以下即自三大面向，分別探討孟荀於心性論上的差異。

1. 孟子從心說性，荀子則言心能治性

孟荀二子皆很重視「心」的作用。孟子從心說性，以性乃心之彰顯，而心性不分；荀子則言心能治性，以性爲生之本然，而心卻爲後天之認知作用，心性二分。孟子向內（從「體」上）確定先天本善之道德心性的存在；荀子則是著重向外（自「用」上）之知慮思辨的功能。

孟子所言之本心，具有先天理性判斷與可通過後天道德反省之能力，且是人之所以異於禽獸的道德心，其表現而爲人之道德實踐之體，而本心所呈現之仁義理智等道德之理，即是一切存在之所以爲存在的存在之理，此即所謂心即是理，心即是善，是以，若能自覺地不斷透過四端之心的存養與充擴，即可常保其無不全備、無待於外之本然的心性之善。

荀子所說的心，則是認知心，其表現爲智之知性主體，此有待後天經驗之學習，亦即心必待感而後動，藉耳目之官而爲助，並參酌過去的經驗，方能成就知識，是以，固然心能知道，但此心並非道，因而，心的認知作用，必須透過虛壹靜工夫的通化成全，然此工夫，亦並非當下所能呈顯，依此可知，認知心之判斷，並不即是正確無誤的。

其次，依〈盡心上〉所言：「求則得之，舍則失之，是求有益於得也；求在外者也」，可知孟子認爲，爲學或爲道乃皆有所求，只是，求有求在我者與求在外者之別。求在我者，指的是心所固有的仁義理智，亦即是天爵，所謂仁義內在，天爵在我，唯人反求諸己即可獲得，這是求有益於得的一面。求在外者，則指富貴榮華權勢地位，亦即是人爵，所謂權富不常在，人爵不必有，雖然是循正當方式去追求，但得與不得有命（命限）存焉，並非人力所

可勉強而致,這是求無益於得的一面。由此可見,孟子道德實感〔註 32〕之渾厚強烈,以求在內(我)與求在外之別來對顯出:人一旦想去求(內在)仁義理智而作道德實踐時,本心便會呈現,此時,人之要求仁義理智之實現,就等於是本心之自求其自己、實現其自己(而仁義理智亦在其中),而本心之自求其自己,也就是逆覺其自己〔註 33〕、創造其自己。在這一方面,人是可以自作主宰而自我負責的,因而,無論是在道德涵養或知識訴求的領域上,孟子都重視本有之善,輕感官經驗而重理性思辨。〔註 34〕是以,只要實踐立志、反求本心、擴充四端之逆覺體證的工夫,那麼,不論面臨再大的考驗,也是無法奪其志、阻其行的,尤有甚者,即使外在的權威可殺人生命,但卻不能使人不成仁。因此,只要是人,皆須盡其人之所以為人之道德意義與價值尊嚴,以及,從事道德實踐以成就德性人格的必然義務。

荀子則自「生而即有」、「通過修養工夫而有」二方面言「心」。生而即有,意表心是自然生成的;而透過實踐工夫而有的心,則能通過禮義來治性。在自然生成的這一層面上,人無所謂道德不道德、意義不意義、價值不價值;而於心能治性此一層面上,只要透過虛壹靜之順取工夫,在荀子看來,即能認知禮義、認可禮義,且以之來治性,亦即,心能實踐禮義而成善致治。依此,可知荀子所謂「心能治性」,是透過認知禮義而實踐禮義的修養工夫,亦即是以認知型態來治性,是以,無論在道德涵養或知識訴求的領域上,荀子都以善乃後天人為之所至,而兼重經驗之慮積習能與理性之知慮思辨。因著,荀子以道德實踐之主觀依據在心,其所作之虛壹靜的工夫並不是內發而自作,且作為道德實踐之客觀依據之禮義,亦不過是客觀而外在之後天經驗中的存在,所以,荀子依此而言之道德實踐與成德理論,並不圓滿。也就是說,荀學體系中之道德實踐,並無普遍地必然性,且其構作之成德理論,亦無法保證人人都能必然地作道德實踐。但在孟子,只要一念警覺本心呈現,則人人就都能應機而當下地從事道德實踐,所以,孟子自內而發,自體上(反求諸己)肯定,人人皆有天所與我、我固有之之必然且定然的本心善性、內在

〔註 32〕道德實感乃含道德心靈、道德感、道德意識、道德使命感,合而言之之謂。

〔註 33〕楊祖漢先生謂:「此逆覺乃是一種不安於私欲之障蔽的震動」。參閱《孟子義理疏解》,頁 84。

〔註 34〕依《孟子》〈盡心上〉曰:「行之而不著焉,習矣而不察焉,終身由之而不知其道者,眾也」,可知孟子於知識訴求上,是持反經驗(成積)態度之理性(覺思)論者。

的道德心性，充分彰顯其具有普遍必然性的道德實踐。

2. 孟子以道德言性而主性善，荀子以欲言性而道性惡

　　孟荀二子所依以瞭解的人性進路，並不相同。因為孟子並不著眼於，求在外之耳目鼻口食色等欲之小體，而強調人之所以異於其他動物的可貴處，以道德自覺內在的道德心為性，因其以道德心為道德性之主體性而言性，是以，孟子認為人性本善。然荀子正是自孟子只謂之命、不謂之性的自然情欲本身而言性，且因人易順此自然情欲之性而不加節制，故而，荀子以為人性是惡的。〔註35〕易言之，孟子乃就正面的道德理想，積極地來確立人存在的價值，而荀子則是從人生之負面欲求來立論，並從消極方面以圖人性之長進。即使，孟子謂人皆有本心善性，但是，因為心性是活潑潑的心體與性體，而不是擺在那兒的有形物，所以，心性皆須靠人不斷地去覺去顯。而且，孟子是從心說性，修養的入路，亦是從心上作工夫，所謂「逆覺」因環境之制約而陷溺之本有的內在道德心，「存養」因感欲之攪擾而桔亡之本有的善心，「擴充」因弗思之閉隱而放失之固有的良心。依此可知，逆覺體證與存養擴充，即是孟子所謂的修養工夫，且此修養工夫，並不須依靠外在的任何支持（因本心無不全備），只要人能覺而反求本心之呈顯，則就能應機而當下地「體證」出，所存養擴充的善心，就是我所本有的善性，同時，此心所內具的仁義理智等道德之理，即是使一切存在成其為存在的實現之理，此即所謂心即是理，心即是善，而心善性亦善。

　　然則，依循荀子所解讀的性善卻是：「不離其朴而美之，不離其質而利之也；使乎質朴之於美，心意之於善，若夫可以見之明不離目，可以聽之聰不離耳，故曰目明而耳聰也」（〈性惡〉），依此素樸自然的材質之性之成就美善，就如同可以「見之明不離目，聽之聰不離耳」般地，倘若，耳目可有明見與

〔註35〕唐君毅先生指出，荀子有鑑於人之現實為不理想，故欲轉化之使更趨於理想，因而倡性惡善偽說，乃是基於道德理想價值之相對下，所見證出的人性之惡，而非純基於經驗界之事實也。參閱《中國哲學原論》〈原性篇〉，頁52：「荀子之論證人性之惡，乃皆從人性與人之禮義之善，所結成之對較對反之關係中，二者之此起彼伏、彼起此伏中看出的。荀子於此之特見，則在其能見人之欲禮義、行禮義、造禮義之積思慮習偽故之心，乃恆對較其所欲轉化之現實生命狀態以存在……在此人已有此一道德文化理想之情形下，對此理想之實現，必待於人對於其現實生命之狀態能有所轉化之義，荀子之所認識者，實較孟子為深切。既欲轉化之，即不以之為善，而當以之為惡；性惡之論，亦即在此義上，為不能不立者矣。」

聽聰之能力，那麼，人就可像是目明耳聰之不假外求般地而爲性善了。荀子於此所指，可以明見與聽聰的能力，乃是生而即自然有，且內在而必然地含於耳目之官的，所以，目明與耳聰之不離，是分析關係之必然。但自荀子所言不離質朴而美之利之來看，其對性善的瞭解是：素樸自然的材質之性，生而即應內含有成就美善的能力，所以，他反對性善說的理由，就在於他以爲，順性並不能自然地成善。對比孟子，是由內在的道德性而言性善的前提來看，其實，性與善的關係，就如同目明耳聰般地，是分析必然的關係，此由理性而言性，與荀子之以氣性而言性不同。因此，荀子以自然之性出發，來瞭解孟子所說的道德之性，而駁孟子性善論，此亦是不相應的。

依據前述之探討，荀子以性與善、惡之間，皆爲綜合之關係，因而，性惡實不同於目明耳聰般的分析關係之必然不離。荀子之所以道性惡，而不主性善，乃是因爲：他由「生之所以然者謂之性」（〈正名〉）來把握「性」，如此看待的「性」，必然包含自然情欲在內，而自然情欲之性與善、惡間，雖都是綜合之關係，但此自然情欲之性，與善、惡所建立之綜合關係，卻有難易之別。亦即，人只要順性而無節，則自然而然就流於惡，如此言性之成惡，是順向地成，故易，然而，自然情欲之性之成善，則須仰賴心作虛壹靜之實踐工夫而後能，所以，在荀子看來，由性以成善乃逆向地成，故難。由此可知，荀子道性惡而不主性善的原因，即在於自然情欲之性，離惡難而悖善易，流惡易而成善難。即使如此，荀子並未直就人性本質而說其爲惡，亦未否定人成善之可能，相反地，他始終努力於，將只是一沒有道德之價值與意義的素樸之性，透過後天經驗之實踐工夫，而賦予其道德價值與意義，因此，他經由性惡與善僞之對較，而凸顯出「僞」，亦即標舉道德實踐工夫之重要。

3. 孟子主張逆覺體證之內在工夫，荀子強調虛壹而靜之外鑠工夫

孟荀皆強調工夫的重要。孟子以心性本善，所成就的工夫，是人人皆必然地能作，且必須作之內在的逆覺體證之工夫，所以，孟子說「人人皆可爲堯舜」，且人之爲人的意義與價值，就在於人有此必須努力實踐以達聖人之境的自覺時彰顯。依此，孟學可保證人人皆必然地能作道德實踐，亦即其道德實踐之成德理論，有其必然的普遍性。而荀子雖亦本其「仁義法正有可知可能之理。然而塗之人也，皆有可以知仁義法正之質，皆有可以能仁義法正之具」（〈性惡〉），而主張人人皆可爲堯禹，然就仁義法正而言，既有可知可能（行）之理，就人來說，又有可以知仁義法正之聰明、可以行仁義法正之才

具（能力），這麼一來，人皆可以爲堯禹，就是無可置疑的了。但是，由於人性是惡的，爲善亦須靠外在的禮義，與心作工夫來矯治，並且，因著禮義乃外在，而心作工夫又不必然，是以，荀子所謂人皆可以爲堯禹的理想，遂於現實經驗上被架空。因此，小人仍是小人，而不願爲君子；君子永遠是君子，而不願爲小人，這都是因爲理論與現實有所差別的緣故。

荀子謂「塗之人可以爲禹，則然；塗之人能爲禹，則未必然也。雖不能爲禹，無害可以爲禹」（〈性惡〉），在理論系統上，人人皆具有，可知行與可被知行之仁義法正的聰明能力，但是，回歸現實經驗上求證，能不能眞的通過後天人爲之努力，以實現此先天之「可」，依荀學，恐無法普遍地保證，人人皆能必然地作道德實踐。此因，人可爲禹與能否爲禹之間的關係，不是必然的。荀子曾舉：兩足可以遍行天下，卻沒有任何一個人能夠如此爲例，說明即使實質上不能做到，卻仍無損於邏輯理論上之可能。顯見，荀子這個說法，事實上是有問題的，然這也是依順荀學系統，所必然而有之結論。此外，檢視荀子無法自圓其說之三項論點如下：

其一，荀子謂性與善、惡間，皆爲綜合之關係，若謂性善，則性與善即應如：無須擴充存養之目不離明、耳不離聰般地，不可須臾離。然而，荀子亦有見於本心，須通過擴充存養等修養工夫，方可成就善性，是以，善既有離性之事實，則性即非善。究其實，目雖不離明而視、耳雖不離聰而聽，但若借助於後天之眼鏡與助聽者，是否其先天即是目不明耳不聰呢？又如日月本明，但偶有浮雲蔽之，吾人自不可見有此現象，即懷疑現象背後之本體。荀子此以外觀而量化心性之善與不善之不得當，乃因其將屬於生命實踐的體證問題，劃入知識研究之領域的緣故。

其二，荀子以人之欲爲善，正足以明證人之本不善，所謂「苟無之中者，必求於外」（〈性惡〉），然此又何嘗不能反證，人本善而欲更向善。平心而論，善惡本身都是沒有止境的，善更欲善者，比比皆是，未必能以更欲善而證其本不善。此因，察諸經驗之事實，乃呈富更求富、貴更求勢的態勢，而此正如同，求富者未必皆爲窮人一樣，可見，荀子此一推論，的的確確有其牽強附會之處。

其三，荀子以人性本惡，故欲遷善，但現實上，人未必皆因其性惡，便不再繼續爲惡。其由行爲之果效，而言人性本惡，似無充要之理由以證明：因惡而必有以化性起僞。荀子謂化性起僞、成善致治的主客觀依據（心之作

修養工夫乃非必然，而禮義則是客觀而外在），所成就既順取又外鑠的成德是一回事，去惡為善又是一回事，荀子學說最終極的目的，雖是化性起偽、去惡為善，但由於對道德的根源理據參解不透，以致未能竟其全功。

第二節　孟荀天論的比較

　　依孟子性善論證，可知其言心性的進路，與論工夫之修養，是有其超越之根據，而此超越根據即在「天」。而據荀子之道性惡，亦可明其認知心、以欲言性，及其論工夫修養之背後，乃築基於「天」義之理解。儒家所意涵生命的學問，無論是內聖之學或外鑠之學，皆可自「天」論意義中，尋找其理論根源。

一、孟子所謂的天及其與人的關係

　　孟子所謂「天」，是絕對的道體，超越義的「天」，其與人的關係，可自天與心性的關係中得知。

　　　　〈盡心上〉曰：「盡其心者，知其性也；知其性，則知天矣。存其心，

　　　　養其性，所以事天也。殀壽不貳，修身以俟之！所以立命也」

此言：孟子以分解地說明，將儒家內聖學之綱維，清晰呈顯於「盡心知性以知天」、「存心養性以事天」，及「修身不貳以立命」之概念中。茲依此章所展示之三向度，分析疏解如下：

　　1.「盡心知性以知天」

　　這是說明：人若能充盡（擴充之極）一己之心，即可知曉，人之所以為人的本性是什麼；人若能充盡人之本性，亦可明白，作為萬物之本原的天道是什麼。是以，便可對宇宙人生有一絕大的肯定，那就是不該再毫無意義地求生存，只要盡心知性知天，即可重新創造生命、建造意義。

　　由於，孟子即心言性，其所謂心性天的關係，乃是由心而性而天。也就是盡心這個主觀面的實踐活動，即是客觀面之性理的呈現，同時，亦是絕對面之天道的彰顯。依此，則「盡心」是「知性」「知天」的關鍵（充分條件）。而盡心所以是知性知天的關鍵，除了前述形式的順承關係而外，尚有本質的內在關係。此即，「盡心」是實踐的活動，而不是認知的活動，且因有此「盡心」的實踐活動，性與天道之具體呈現方有可能，易言之，性與天道乃呈顯

於「盡心」當下之具體生命的實踐活動中。

　　然則，何謂「盡心」？循孟學之義理來看，所謂「盡心」，當該是盡本心（總說）、盡惻隱、羞惡、辭讓、是非之仁義理智之心（分說），亦即，即此四端之心擴而充之，以至於仁極仁則無不愛、義極義則無不正、禮極禮則無不敬、智極智則無不明之理境。所以，由惻隱、羞惡、辭讓、是非之本心的活動，與仁義禮智之道德的理則，可知本心的活動，即是客觀理則自身之呈現，亦即，本心之盡其自己。因而，人於盡此本心、四端之心的活動中，即可證知，人乃能實踐，本心所自發之仁義禮智之道德之理，而此實踐仁義理智之活動，即是人之本性的活動。是以，人一旦發露本心，使之充盡而無絲毫欠缺的話，即可當下直覺，他是以人所獨有之仁義禮智為其本性的。

　　而於盡此本心應有之實踐活動，增顯人之超越意義與生命價值的同時，人會因此感到前所未有的滿足與成就。不但如此，且在「盡心」的實踐活動中，亦會自覺其所實踐之活動，是沒有止境的；這是因為，不論人的生命及力量是如何地有限，但當自覺擴充本心而至仁義禮智之極時，則宇宙間所存在的一切物事，即皆是人之愛敬正明的對象。易言之，此時本心的實踐活動，必要求涉及一切的存在，即一定要體物不遺，至位天地育萬物然後已。如此，則本心之實踐活動，便有其絕對普遍義，而人即可於本心之盡其自己的實踐活動中，知其內在於自己之性理，且證知天之所以為天的意義。依此可知，心性天是沒有距離的，性與天道即在本心之彰顯中呈現，亦即，都只是一心的朗現與普照。故而，心性天雖有名言分際之不同，然其內容與實質則是一樣的，所謂「知性」「知天」即是本心之證知其自己、朗現其自己的實踐活動。

　　此外，孟子講道德，貴在自覺自發，因而，「盡心」亦意謂，人自己自發去盡，唯有當人盡此心時，道德之性理才會朗現，天道之意義才會呈顯，且依此而呈顯出，人之實踐道德，是自覺自發、自主自由，亦即是自律的。所謂自律，是指心體之發用，乃是依從於本心自己所給出的法則，而不是有賴於其他一切的外在法則。然而，如此所說的自律，並不是抹煞超越之天道存在，而是說天道乃是當人去實踐道德，才能彰顯出來。即因天道不會命令強迫人去彰顯它，所以，人能弘道、非道弘人，這就是自發自由，而且，人一旦自覺地去盡本心，則天道即在其中，而不能外之違之了，此即《易經》〈繫辭傳〉所言「先天而天弗違」（天道即是我的性）。

2. 「存心養性以事天」

依前所述，若能擴充本心至極，則雖天道亦不能外之違之，亦即，苟能盡其心，則人即可當下參贊天地之化育，上下與天地同流，而若如此，是否就無須借重其他一切修養工夫了呢？基於現實存在之人，皆是具有感欲的有限存在，可能會不時地受到感欲之左右，而失其本心、害其善性，是以，孟子認為，人有以作後天存心養性之修養工夫，永保其心性之良善的必要。所謂「存心」，就是不放失本心。而「存心」之道，消極地來看，就是節制感欲；積極地來說，就是念念警覺、求其放心。其實，能自覺到該求回本心之「心」，就是本心自己，所以，當人於察覺到，本心因感欲之攪擾而感虛歉的同時，本心就已在此時呈現了，而孟子亦以，只要即此本心呈現之機，加以省察而充盡之，就是「存心」了。

所謂「養性」，就是涵養本有之善性而不戕害，而養性之道，亦只能在心上作工夫。所謂不違本心、時時集義（所謂集義，乃謂隨時表現內心本有之義，以行其所當為之事），且且而為之，心地便可光明正大，而有浩然之氣。抑且，心以義來涵養浩然之氣的同時，即可回返來潤澤其性，所謂「苟得其養，無物不長，苟失其養，無物不消」（〈告子上〉），這就是「養性」。是以，「養性」此一道德修養之實踐活動，是日增月著、無有窮盡的。因而，若是人常作不慊於心的事，而不能善養之，或一曝十寒而未能持續之，則本性就會逐漸被戕喪，乃至與禽獸無以異了。依此可知，人之自覺易受感欲之影響，而有未能順天應人之感，此時即須戒慎恐懼，存其心而不喪失、養其性而不戕害，此即《易經》〈繫辭傳〉所言「後天而奉天時」。

由「存心」「養性」之時，所呈顯之天人相對之相，可知心性天之間，是有距離的。此若，人會覺天道嚴嚴在上，必竭力充盡其心，小心翼翼地奉循趨近之，而未敢稍有違背（如子之事父），苟能如此，方不忝所生、無愧於天。而依此保持謙退，以增顯性天尊嚴之省察本心的存養工夫，對於一個具有感欲之有限存在的人而言，是必須的，且無論聖愚，都須作此工夫。只是，聖人的渣滓少，才覺便化，常人的障蔽多，須更加勉力而行罷了。依此可知，存養工夫之所以必要，乃因去掉感欲的夾雜後，本心才能夠時刻呈顯，所以，存心養性事天，可說是使盡心知性知天成其為可能的工夫，有了存心養性事天之工夫，盡心知性知天方能真實呈顯。故而，「盡心知性以知天」與「存心養性以事天」二者，可謂一事之兩面。

3. 「修身不貳以立命」

前言盡心知性與存心養性，皆爲純然之反求諸己所作的不同工夫，而此工夫，乃是個人追求，如何擴充存養其心性的主體實踐之工夫，亦即，無論是擴充或存養的工夫，都只要求能盡其在我。然而，作爲一個現實存在的人，他必有許多被氣化流行所決定的先天限制（如智愚賢不肖清濁昏明等氣稟），與受制於偶然而無定準之種種境遇（如生死吉凶貧富得失等氣運），所以，人雖於作（實踐）擴充存養心性工夫時，能夠無待於外而自作主宰，但對此氣化限制與偶然境遇，人是無法自作主宰，而須有待於外的。故而，人若已竭盡努力，但仍感到無能爲力、莫可奈何之時，這就是所謂「命」了。

值得正視的是，命限必待吾人竭盡努力（此即《易經》〈繫辭傳〉所言「窮理盡性以至於命」）而後可見，此因，人若能積極地多努力點，先天的氣質就會隨之多改變些，而客觀境遇亦會有所改善。所以，只要仍存有可以改變氣質與改善境遇之可能性時，或根本不打算去努力而任由命運之安排時，在這些境況下，都是不能說命的。

本來在理上，人作「盡心」之道德實踐的活動，即是性理之彰顯、天道之呈現，而天道既已呈現，本應是神用無方，但因，現實存在之人，在不得不面對與接受，先天氣稟之限制與後天境遇之制約時，總不禁會頹然自失，而從蓬勃之「自我決定去盡本心則天道便在其中而不能外之違之」的自信中退回來，而徹悟自己的有限與無知，所以，相對於絕對的天道而言，人實在太微不足道了。但人每以爲自己很了不起，因而，也只有在盡一切努力，而仍感無能爲力時，方能莫可奈何地得知，自己的努力都不算什麼。孟子深刻體會到這一點，遂明晰地拈出，表面上人雖是受限於氣化之流行，事實上，此氣化之流行乃爲天道所主宰，於是，當人面對氣化流行時，亦須懷有如同面對超越之道體自身，而敬懼其對人之限制，亦即，須視一切氣化流行對人之制限，彷彿皆是天道對我的命令一般（須絕對遵守而不能違反）。

由於，正視天道對我之無上命令所予之限制，就作爲一個感欲之存在的個體而言，其心性必是純粹淨盡，且當下即與天道交感而無隔的，此時，心胸開朗光明、性理充塞而有光輝，舉凡一切世俗之利害得失、吉凶富貴，頓時即解消融合於尊畏天道、敬懼制限之理性思考活動中。儘管，不可能無視於無能爲力之時，所生莫可奈何的感懷，然此感懷，確可於此理性思考的活動中，化而爲無我忘我的宇宙悲情（雖謂之情，但此情已然昇華至超乎一切世俗感欲，而

爲純然的惻怛之情）。當此之時，人之悲天憫人的眞性情，便會應事而自自然然地流露出來，同時，即於此悲天憫人之際，回轉而來悲憫自己的生命，使自我之生命，頓時超越有限，而與天道相融相泯，進至恆常的絕對精神之領域。

基於這樣的覺察，可知人若有此超自覺的體認，生命才有所安頓，而也就不會因命運之有順或逆（如死生窮達）之不齊，而對天道有二心（有所懷疑）。易言之，無論何時何地，都要本著天所與我的本心善性來行事，至於命運究竟如何，這是人力所不能至、人智所不能知的，但亦絕不可因命運之不可知與不齊，而影響人遵道而行之決心。因而，只要能明瞭，作此充盡心性之善的實踐活動，同時就是超越天道的創造活動，如此，一方面就能正視命限而不妄自尊大，另一方面就能奮勇做去而不妄自非薄。依此亦可知，命限實只能限制一己之感欲，及客觀外在之事功的成敗，但卻限制不了，人欲成就道德實踐之主體精神的充盈無限，且因，人將修身成德之實踐活動，視爲己之性分所當爲（亦即爲不能爲違反的必然義務），故而，命遇愈是惡劣，便愈見人之德性精神的可貴，自主體精神的無限充盈，亦愈見人之實踐道德的意志之純粹（人之修身踐道的活動當下即有絕對的價值）。總之，命遇之吉凶窮達，乃上天欲使我成德的淬鍊，是以，人若因此而對命遇之順遂而沾沾自喜，或因命遇之惡劣而怨天尤人的話，則何成德可能之有呢？縱使，對於惡劣之命運，不當有拒斥怨尤的念頭，但仍可於修身成德的實踐活動中（求在內），盼望大行其道的日子來臨（求在外），亦即，只要善盡人事，即使生命有限，而未能親見理想世界在當世實現，但若代代修德不輟、世世奮鬥不息，那麼，理想世界終有實現的一天。

由此可見，「修身」踐德的活動，雖有其命運之制限而呈悲壯，但亦因終必實現理想世界而顯樂觀。因而，也只有不斷地「修身」，才可明瞭，生之莊嚴，命之肅穆，及命之爲命的眞正意義，是以，實踐道德的活動，無形中就已彰顯形著了「命」的意義，此即主觀實踐地立命〔註36〕之意。易言之，命雖有其限制，但若言立命，即彰顯出人之積極主動修身踐德的主體精神，而不以其命運而自限。而由此命運之限制，對顯主體精神的無限，可知孟子並不看重命運對吾人之制限，亦即，消極的安命一面，其焦點是著重在處於命限中，該當如何

〔註36〕蔡仁厚先生言命，除實踐道德活動之義外，尚有「立命」一義：「人能使自己所得於天者，全受而全歸之，便是得其正命（〈盡心上〉曰「莫非命也，順受其正。是故知命者不立乎巖牆之下。盡其道而死者，正命也。桎梏者，非正命也」），人能修身以得正命，亦就是所謂立命了」。參閱《孔孟荀哲學》，頁230～231。

積極地「修身」，應如何樹立人之主體精神，修身以成德。〔註37〕

綜上論述，孟子所言之「知天」、「事天」、「立命」來看，其肯定「天」具有超越意義，而為創生天地萬物的根本。在「盡心知性知天」中，孟子以「盡心」就能「知性」，乃是由於自道德心說道德性，此性即是道德之創造性，亦即，是人於價值上異於犬馬之真性，所以孟子謂，若能充分體現仁義禮智的本心，就能於體現本心的道德實踐中，證知人之道德創造性的真性。而孟子以知性就能知天，乃是由於人之道德創造性的真性，即是天之創生萬物的實證，〔註38〕亦即，天之所以為天之創生萬物的創造性之真義，完全由心之道德的創造性來證實，〔註39〕所以孟子說，若能於體現本心的道德實踐中，證知人之道德創造性的真性，就能於體證本心善性的實踐中，證知天之所以為天之具體而真實的道德創造義（天道生生不已、妙運萬物而使之存在〔註40〕）。是以，程明道之注解云：「只心便是天，盡之便知性，知性便知天。更不可外求」。

其次，在「存心養性事天」中，操存此人之所以為人的天心，而不令其放失，涵養人於價值上所以異於犬馬的真性，而不使其被戕害，就是仰體天道生生不已而無違地遵奉之意。然而，何以「存心」「養性」始能「事天」？此因，唯有於「存心」「養性」的修養工夫中，方能體現心性之道德創造性，與體證天

〔註37〕 關此〈盡心上〉首章的義理疏解，參閱楊祖漢先生《孟子義理疏解》。而《孟子義理疏解》，頁5～22，亦舉出朱子與王陽明對此之另有說明：朱子言由於能知性心，才能盡其大用而無所遺漏（其知是認知之知、其盡是認知地盡，知性工夫在於格物窮理）；知性在先，盡心在後。而陽明則就生知安行的聖人、學知利行的賢人、困知勉行的學者，三種不同現實存在的人，所必須作的不同修養工夫，重新詮釋朱子的理論困難。審視朱子與陽明之解讀，實皆與孟子原意不甚相應。

〔註38〕 此即言：由人之道德心靈出發，可綜覽天地萬物之生化，而肯定一超越的實體以創生之，依此天之創生義，主觀地說，即由吾人之道德心靈，客觀地說，即由吾人道德之創造性所證成。參閱牟宗三：《圓善論》，頁133。

〔註39〕 陸象山謂：「孟子云：盡其心者知其性，知其性則知天矣。心只是一個心。某之心，吾友之心，上而千百載聖賢之心，下而千百載復有一聖賢，其心亦只如此。心之體甚大，若能盡我之心，便與天同」，而〈盡心上〉亦云：「萬物皆備於我矣，反身而誠，樂莫而行，求仁莫近焉」。依象山與孟子之言可知，心體的道德創造性，即是天道生生不已之創造性。

〔註40〕 牟宗三先生謂：「儒學說天道創生萬物，這也是對于天地萬物所作的道德理性上的價值的解釋，並不是對于道德直作一存有論的解釋。因此，康德只承認有一道德的神學，而不承認有一神學的道德學。依儒家，只承認有一道德的形上學，而不承認有一形上學的道德學。此義即由孟子盡心知性知天而決定，決無可疑者」。語出牟宗三：《圓善論》，頁134。

之所以為天。而天之所以值得遵奉，即因其為心性之道德創造性，所體證之天道生生不已之道德秩序的顯現，也就是說，心性之道德創造性，就是天道之創造性，所謂宇宙秩序就是道德秩序，道德秩序就是宇宙秩序。〔註41〕因而，程明道由此而言：「只此（心性之道德創造）便是天地之化，不可對此個別有天地之化」。抑且，由人一旦能作存養心性的修養工夫，其本身就能顯發出力量來看，這也就是人所以能夠充盡本心、體現善性之內在的根據。依此可知，「存心養性事天」是消極的工夫，但頓時即通向「盡心知性知天」之積極工夫。〔註42〕

再者，所謂「修身不貳以立命」，就是說人若不因夭壽，而改其遵天而行的常度，仍是守其故常、盡其所當為地以德來潤身，此即人所依以確立命限觀念的最佳方式。而此亦透露了，於道德實踐之工夫中，所凸顯「命」之概念，這是僅以哲學地分析道德之基本概念的西方道德哲學家，所不曾注意到的。所謂「命」，是個體生命在氣化修行上的內處限制，此是實踐上的虛意式的概念（既非經驗，亦非知識上的概念），〔註43〕是消極的實有，可轉化之，而不能消除之，〔註44〕以是之故，王充《論衡》〈無形〉篇曰：「用氣為性，性成命定」。氣化之變化無窮，是人所無法盡知與掌握的，儘管，人可「盡心

〔註41〕此義見諸於《易傳》〈乾文言〉：「大人者與天地合其德，與日月合其明，與四時合其序，與神鬼合其吉凶，先天而天弗違，後天而奉天時。天且弗違，而況于人乎？況于鬼神乎？」。可見大人亦即聖人，就是能將本心善性充分體現出來的人，其與天地合其德，就是合其同一創造之德之意。所謂在大人處，即是心性之道德創造之德，亦即德行之純亦不已，在天道處，即是天道創生萬物之德，亦即天命不已。而天道創生，即是本心善性之客觀而絕對地說，本心善性，則是天道創生之主觀而實踐說。然就天道創生是天之體，本心善性是一切理性的存有之體，其皆為體之實一也，但在人處，則有體現與被體現之別，人是能體現，體是被體現；而在天處，則無體現與被體現之別，亦即天道創生、天命不已即是天之本身，天只是一創造性自己。而天之創生萬物，乃是由於人之心性所特顯之道德創造，亦即是德行之純亦不已所透映出來的。

〔註42〕消極之所以能夠頓時即通於積極，乃因真正的存養，並非存之養之就算完了，仍須待盡之也。參閱牟宗三：《圓善論》，頁125～136。

〔註43〕「命」雖是實踐上的虛概念，但不是實踐原則，因它不屬於理性所能掌握之道德法則，亦不屬於以理言的仁義禮智之心性。且「命」雖是屬於氣化，卻又不是氣化本身所呈現的變化事實，因客觀的變化事實是可以經驗的，也可用後驗之規律來制約的。參閱牟宗三：《圓善論》，頁142。

〔註44〕「命」因著修身以俟之而確立，亦因順受其正（如盡道而死，則所受之命是正當的命）而被正當化；而此就是「知命」。而順此知命再進一步，就是因著天理流行之「如」的境界而被超越（但不能被消除）。這個境界，孟子雖未提及，但未始不為其所言之聖人神化境界所涵。

知性知天」、「存心養性事天」,以至於能「與天地合其德,與日月合其明,與四時合其序,與鬼神合其吉凶」(《易傳》〈乾文言〉),但是,人仍無法主宰,有命存焉之順與不順的遭遇。是以,〈盡心下〉云:「口之於味也,目之於色也,耳之於聲也,鼻之於臭也,四肢之於安佚也,性也,有命焉;君子不謂性也。仁之於父子也,義之於君臣也,禮之於賓主也,智之於賢者也,聖人之於天道也,命之,有性焉;君子不謂命也」,這就是說,孟子不以自然之性爲性,乃因其以個體的生命活動,並不僅有此自然之性的作用,且此亦不意謂,人會因著欲求是出自天性,就都可如願地得到滿足,或非要得到滿足。再說,人本來即是一既有限(是不能無限制地滿足不必然地可得之欲求的)又理性的存在(是不會坐視過度滿足欲求而不加限制的),其欲成爲有道德修養的君子,自不會以此自然的動物性爲性,而重命遇之限制(亦即在自然之性得不到滿足時,君子不會強求得其滿足),是以,必將人生的意義與價值,貞定在道德之性。而仁之於父子方面的表現、義之於君臣方面的表現、禮之於賓主方面的表現、智之於賢者方面的表現、聖人之於天道方面的體證,凡此皆必受限而無法全盡。如父子間的相處必須有仁,無仁即不成其爲父子,但有時子孝父未必慈,父慈子未必孝,即使如此,人亦不可藉口其中必有命限之性,雖然,此不容已之性,常會受限而未能如願實踐,但君子重此道德之性,亦必求其能完全實踐。孟子即由此確立命限之觀念,而對顯德性主體有其自身的絕對價值(心性之不容已)與實踐道德之自由。因此,「命」於道德實踐中,只居於消極之影響。

依上解析之歸納,無論是「知天」、「事天」或「立命」,皆可依此而肯定,天是既超越又內在的,即爲創生萬物之超越根據,而又內在於人而爲之心性(內在根據),所以,擴充心性,就能明瞭天道生生之德,存養心性,即可遵奉天命不已之功,從事修身之實踐工夫,就可體認天之所命的限制。而由心性與天密不可分的關係中看來,只要落實地作修身成德的實踐工夫,那麼,孟子所謂的天人合一之境界,終會實現。

二、荀子所謂的天及其與人的關係

荀子以「天」爲自然,〔註45〕而以「天人有分」、「天生人成」,解讀天與

〔註45〕 有人以爲荀子以天爲自然,可能是受了道家的影響,所謂:「不爲而成,不求而得」(〈天論〉),此與道家所講的無爲之用、無用之用等道之用很近似。但

人之間的關係。

〈天論〉篇云:「不為而成,不求而得」

〈天論〉篇云:「天行有常,不為堯存,不為桀亡」

〈天論〉篇云:「天不為人之惡寒也輟冬,地不為人之惡遼遠也輟廣」

可知,自然之「天」,是沒有意志、沒有理智、沒有愛憎好惡。「天」只是循著永恆的軌道,機械地運行而已,所謂「天有常道矣,地有常數矣」,常道實只是始終為「天」所遵循之自然法則。是以,〈儒效〉篇云:「非天之道,非地之道,人之所以道也,君子之所道也」,而牟宗三先生亦以「荀子只言人道以治天,而天則無所謂道,即有道,亦只是自然之道也」。〔註46〕

至於,「天」既已遵循永恆不變的軌則,然而,又為何會有「日月之有蝕,風雨之不時,怪星之黨見」(〈天論〉)等變異現象呢?荀子以為,這些無世而不常有之的罕至現象,實只是「天地之變,陰陽之化」(〈天論〉),人可感到奇怪,但不必畏懼。荀子以「天」為自然現象,並謂天地是生之始,但天地之生,仍只是「不見其事而見其功」(〈天論〉)的自然之生,而凡天生而自然者,荀子皆以之為負面的、被治的,所以不能說善,這是荀子重智的結果。亦即,「心」是認知的、思辨的,且此認知心所對之對象,必是客觀外在的。因此,荀子所說的「天」,即指自然現象而言,而依此認知作用所識者(自然之生),只是天之真,而不是天之善,〔註47〕因而,人對於「天」,無可言法,無可言合,是以,荀子不謂法天、天人合一,而說天人之分。

荀子以為,天人之間沒有感應,「天」不能禍福人,也不能影響治亂(禍福治亂無關乎天,乃皆由人為),而自然之天,既只是遵循永恆不變的軌則運行,依此,天歸天、人歸人,天人相對為二而各有其分,如此說來,是否即毋需慕天頌天怨天求天了。依循荀子論點,天生萬物,是「天」之分,至於,「天」如何生萬物,就人而言,是不能知的;而人成萬物,是「人」之分,亦即,君子只求如何善用、治理天地萬物,而不求超越經驗現象的「然」,去

道家的自然,是通過清靜無為所達到的精神境界,這是超越義的;此外,道家主張法自然,天即代表自然,所以道家的天人關係甚為密切而和諧。而荀子則言天人有分、天生人成,不僅無所謂法天、法自然之義,且以天為物,而主張制天用天。依此可知,荀子以天為自然,與道家的思想立場,並不相應。

〔註46〕語出牟宗三:《名家與荀子》,頁214。

〔註47〕依孔孟所說的德化天,即是出於道德心性所體認之天道生生之德的流行發用與價值創造,而由此體認(天道生生)即顯天之善。

瞭解天生萬物的「所以然」。因而，荀子於天生萬物之所以然的天職分際上，言「不求知天」；而於天地萬物皆為我用的人職分際上，則言「知天」。所謂「不求知天」與「知天」，二者各有所指，亦各有所當。即此陰陽之生化萬物，從其「所以然」一面看，是不可知，亦是不必知的，但從其「實然」一面看，則既有形迹可循，亦有形象可見，所以是可知，亦是必須知的。

基於荀子「裁萬物以利用厚生」的前提，而言「知天」，而非自純知識的興趣去理解自然，所以，「天」之「生」，必由「人」以「成」。

〈禮論〉篇云：「故曰天地合而萬物生，陰陽接而變化起，性偽合而天下治。天能生物，不能辨物也；地能載人，不能治人也。守中萬物生人之屬，待聖人然後分也」

〈天論〉篇云：「天有其時，地有其財，人有其治，夫是之謂能參。舍其所以參，而願其所參，則惑矣」

〈王制〉篇云：「天地者，生之始也；禮義者，治之始也；君子者，禮義之始也；為之，貫之，積重之，致好之者，君子之始也。故天地生君子，君子理天地；君子者，天地之參也，萬物之摠也，民之父母也。無君子，則天地不理，禮義無統，上無君師，下無父子，夫是之謂至亂」

由此三則引文可知，荀子以「天功」在生，而人之能在成（此因人能參，即能治理天時地財而善用之），且人與萬物皆須待聖人之道（禮義）來定其分位，而後乃能各得其宜（此因天只能生不能治，所以須以禮義行其治，而禮義乃君子所生，因而，君子須以禮義之道來治理萬物，萬物乃能由天之生而至人之成）。依此，從「天生」一面言，皆是負面的被治的，天生自然，實無善可說；而自「人成」一面論，才是正面的能治的，在人為「禮義」處，才可說善（亦即善是落在禮義上說）。在孔孟，禮義乃由天出，亦即由性分中出，這樣說的禮義是有根的；〔註48〕而荀子既以「天」為自然，又主性惡之說，如此，「禮義」遂失其根據，而無處安頓，所以，只好歸於人為。雖說「禮義」出於人為，而於天道心性中無根，但「禮義」仍是荀子以為制天用天的根本。

〈王制〉篇云：「故義以分則和，和則一，一則多力，多力則彊，彊則勝物；故宮室可得而居也。故序四時，裁萬物，兼利天下，無它

〔註48〕孔孟所說的禮義，是以天道作為其超越根據，而以本心善性作為其內在根據的。

故焉，得之分義也」

此言：以「禮義」明分各任其事各得其宜，因而，上下齊心和衷共濟，於是，便有力量可以制裁自然，而使生活獲得改善，即此亦爲王者之政的要務。

〈王制〉篇云：「王者之法：等賦、政事、財（裁）萬物，所以養萬民也」

〈天論〉篇云：「裁非其類以養其類：順其類者謂之福，逆其類者謂之禍」

〈非十二子〉篇云：「一天下，裁萬物，長養人民，兼利天下……則聖人之得埶者，舜禹是也」

所謂「裁非其類以養其類」，就是裁萬物以養萬民，而裁萬物以養萬民，是王者之法，亦是舜禹之政。〈富國〉篇亦云：「萬物同宇而異體，無宜而有用爲人」，可見能夠裁物養民，就是福，否則，萬物無以爲養，便是爲禍。

〈王制〉篇云：「草木榮華滋碩之時，則斧斤不入山林，不夭其生，不絕其長也……斬伐養長不失其時，故山林不童，而百姓有餘材也」

這是說明，如何裁萬物的依循原則。應時而養長生殺，謂之能裁，違時而養長生殺，是謂不能裁，而所謂「時」，即是自然法則，把握住自然法則，就可制裁自然、利用自然，而使百姓有餘用，這就是荀子「制天」「用天」之意。

然而，何以荀子於「制天」「用天」之外，又言「事天」？此因荀子所說的「天」，實含自然義（天即自然現象）與本始義（天是生之始、生之本），因而，「事天」以報本返始，就是人文精神之表徵於道德的眞誠流露，所以，這並非有所祈求於「天」。其次，荀子不言天道地道，而言人道治道，且以禮義之統爲其思想的最高綱領，而禮義之統所蘊涵的人文理想，以正人心、厚風俗的禮樂教化最爲重要，是以，禮中既有祭禮，則祭天事天自是應有之涵義。

〈禮論〉篇云：「禮有三本：天地者，生之本也。先祖者，類之本也。君師者，治之本也……。故禮、上事天，下事地，尊先祖，而隆君師。是禮之三本也」

〈禮論〉篇云：「祭者、志意思慕之情也。忠信愛敬之至矣，禮節文貌之盛矣，苟非聖人，莫之能知也。聖人明知之，士君子安行之，官人以爲守，百姓以成俗；其在君子以爲人道也，其在百姓以爲鬼事也」

依上可知，事天地、祭先祖既無祈福消災的心理夾雜，更不帶有任何迷信之色彩。而〈天論〉篇云：「日月蝕而救之，天旱而雩，卜筮然後決大事，非以爲得求也，以文之也。故君子以爲文，而百姓以爲神。以爲文則吉，以爲神則凶」，所謂鳴鼓以示救護、祈雨以慰民心、卜筮而後定奪，對於這些事情，一方面可以視爲相傳已久的古禮，另一方面也可說是人文世界中可被容許的活動，因而，荀子並不反對。但是，他認爲，這些舉措只是政事上的文節，並非眞的可以得其所求，此因，若眞以爲可以得其所求，則人民事事祝禱，勢將荒廢人事，甚至招致禍亂。是以，荀子天論中的天人關係，是指人能「制天」「用天」，並於「天人有分」中而見「天生人成」。

三、孟荀之比較

　　依於孟子之前的思想，是盛贊天人合一，〔註49〕所以，孟子承繼之〔註50〕而言「盡心知性知天」，即是超越義之天道內涵，乃由內在義之心性彰顯而得以著明。亦即，透過主體性之自覺、自反、自顯，使得一己之德行純亦不已，而與於穆不已（即存有即活動）之天道之體（超越的存有）相互契合。故而，本體論地言之，所謂道是天道，亦是人道，天道人道是一；宇宙論地言之，天道下貫於人而爲之性，是即人道本諸天道，道乃既超越於人又內在於人者。在孟子看來，天人實不相隔，〈盡心上〉盛贊此天人合一、天人合德之氣象，爲「夫君子所過者化，所存者神，上下與天地同流」。然而，荀子所瞭解的天人關係，與孟子迥然不同。孟子所重之天道觀，乃由宗教性之對天敬畏，轉化爲道德性義理性之自我實現，以培養一己之完美人格；而荀子則一味地將天道客觀化，視之爲純自然之運行，而不含任何道德之價值與意義（亦即天只是赤裸裸的是其所是之被治自然），且人亦基於「無用之辯，不急之察，棄

────────────

〔註49〕關此，可以《詩經》與《左傳》之思想爲代表。《詩經》〈周頌〉維天之命篇曰：「維天之命，於穆不已，於乎不顯，文王之德之純」、《左傳》成公十三年劉康公曰：「吾聞之，民受天地之中以生，所謂命也，事已有動作禮義威儀之則，以定命也。能者養之以福，不能者敗以取禍」。所謂文王之德之純亦不已，乃係遙契天道之於穆不已者。而天以其道命於人，人以天之道爲其性命，所以人有此動作禮義威儀之則，乃是爲貞定此性命者，而此皆爲先言天而後說人之實例。但自孔子「仁」之觀念的提出，與孟子「性善」之說建立後，已不再先說超越之天，而亦可直就人之仁心善性以說天。

〔註50〕唯孟子將《尚書》中高高在上的外在命令（天命），化爲吾人良知道德的內在命令（德命），而重自覺。

而不治」（〈天論〉）之實用原則，對天道抱持著不求知的態度，於是，一切的德善悉出於人為，抑且，由於天道的真實意義（既超越又內在）不顯，因而，人為遂因無根而架空。不過，若就客觀面來看，荀子於戰國之際，獨非天命、破災異，對當時之迷信風氣，大有掃除之功，此誠其一大貢獻。

此外，鄭力為先生曾著專論探討，荀子天論篇以外的天論，〔註51〕當中就提出「荀子在哲學上似乎標示自然義的天－至少在一般人的理解中是這樣，但其全書除『天論』篇外，幾到處散佈著人格神義的天，且在其全書中出現的次數，不下於言自然義的天」。〔註52〕

〈禮論〉篇云：「郊者，並百王於上天而祭祀之也」

〈大略〉篇云：「天之生民，非為君也；天之立君，以為民也」

〈賦〉篇云：「皇天隆物，以示下民，或厚或薄，常不齊均，桀紂以
　　　亂，湯武以賢」

凡此所言之「天」，皆是人格神〔註53〕義。荀子謂自然義的天道，是對廣大群眾說的，而謂人格神義的天，則是專對人君，亦即是治道說的。據此可知，荀子也很重視人格神義的天，因為，此天會限制人君而使之畏懼，是以，人君便不能完全肆無忌憚而無視於民。

〈君道〉篇云：「君者，民之原也；原清則流清，原濁則流濁。故有
　　　社稷者而不能愛民，不能利民，而求民之親愛己，不可得也」

這就是說，人君必須本乎德以愛民。然荀子之後學，韓非與李斯卻不識此，主法而無天（人格神義的），以至於別開法家，而有別於荀子。

以上論述，乃為闡明孟荀天道觀的不同，其次，復比較孟荀性命論之差異。孟子以命與性分，彼此休戚相關，所以，「命」恆與「性」相連而言，且孟子所重的「命」，是自反自覺，要求實現仁義禮智之理命、德命，而不看重外在際遇之氣命、運命。此因，實現仁義禮智之德命，乃求在內之求有益於得之性分內事，所以，孟子寧謂之「性」，而不謂之「命」，亦因，滿足耳目鼻口之欲求，乃求在外之求無益於得之性分外事，所以，孟子寧謂之「命」

〔註51〕參閱鄭力為：《儒學方向與人的尊嚴》，頁257～267。

〔註52〕參閱鄭力為：《儒學方向與人的尊嚴》，頁274。

〔註53〕就荀子論「天」之意義而言，其中的人格神義，顯得孤離而外在，且自哲學義理來看，其層次亦顯得微不足道。然從政治之道立說，其對人君的作用，仍是不可漠視的。

而不謂之「性」。依此重「性」而不重「命」之思維，可知孟子對外界之莫可奈何的際遇，是存俟命的態度（亦即欲人以曠達淡然處之應之）。而荀子所言的「命」，則是人生的節遇，〈正名〉篇云：「節遇謂之命」（楊倞注云：「節者時也，即當時所遇謂之命」），此「命」實指命遇言，而荀子對於此既外在又偶然的命運之限制，所抱持的態度為：天生人成、制天役物，所以，無論成敗得失，都是操之在己，而非天之使然。故而，唯有不斷地盡人事，方能不為節遇所困，所謂「望時而待之，孰與應時而使之」（〈天論〉），此即荀子不欲坐侯其變，而思人為開創之積極的人生觀。依此性命之義，孟子謂勿太熱中於莫之致而至之命遇，較荀子之對命遇之限制持奮進之看法，更為諦當。

第四章　荀子教育哲學的意涵

　　中國文化的開端，重點是落在「生命」這個地方，因而，如何安頓我們的生命，即為儒學的主要課題。是以，儒家的學問，可說是生命的學問。生命的學問，首重道德的實踐，故而，儒家倡言成德理論之工夫修養。在孔孟，成德理論之工夫修養，就在於恢復道德創造的本性，亦即，效法天命之於穆不已，而恢復德行之純亦不已，[註1] 即此重視道德主體之覺顯，子曰：「我欲仁，斯仁至矣」（〈述而〉），孟子曰：「心之官則思，思則得之」（〈告子上〉）。然在荀子，則別立知性主體以為生命之大本，而主張以知識來成就道德，這就是荀學所獨特開展之「以知成德」的學問理路，而此「成德之教」，亦為荀子教育哲學之為學入路。孟荀所取以瞭解人性之進路，雖有不同，亦皆以澄清自己從事德行實踐而為有德者，作為生命歷程追求中的最高目標。只是，孟子所論的工夫修養，（當下逆覺體證，則我本有之仁心善性便會呈顯）較為直接，而荀子所說的成德理論之步驟，較為曲折而已。[註2] 以下即分別「成德之教」的主旨、「成德之教」的目的、「成德之教」的方式、「成德之教」的功能，以及，積極有為的入世教育論等五大面向，深入探討荀子教育哲學之內涵與義旨。

第一節　成德之教的主旨

　　儒家思想，長久以來，一直是中國文化的主流，且一直在中國人的生活

〔註 1〕參閱牟宗三：《中國哲學十九講》，頁 118 及 121。
〔註 2〕荀子主性惡，且思借重認知外在的禮義，以去惡臻善，其與孔孟立論不同，然其目的仍是嚮　往、回歸道德的善。所以，周群振先生形容，此乃荀子學說的一個圓周。參閱周群振：《荀子思想研究》，頁 17～18。

中，旦旦而起用，此因儒家在中國文化中，所擔當的是「立教」的問題，所以，轉而向教化方面發展，這就開出了儒家在中國文化上的不朽地位。荀子是最富於教化理想之儒學大師，其關心生命、重視實踐的基本精神，於其成就德性之教化（育）理論中，表現無遺。荀子認為：教育真正的主旨，是要培養「知行合一」、「觸類旁通」的德行人格。

〈勸學〉篇云：「真積力久則入。學至乎沒而後止也。故學數有終，
若其義則不可須臾舍也」

可知荀子以為，在治學的程序（始乎誦經、終乎讀禮）上，或有止境，但於治學的意義（實踐篤行）上，却無窮無盡，因而，勉人於有生之年，一天也不可怠忽，須真誠地去積學，並努力地實踐。

〈勸學〉篇云：「學也者，固學一之也……全之盡之，然後學者也」

這就是說，治學之主旨，無論就其廣度或深度而言，其知與行，都必須純一且合於禮義之道。

〈儒效〉篇云：「學至於行之而止矣。行之，明也」

可見荀子認為，真正的治學，並不在博學雜記，順誦詩書之文字而已。此因，自詩（言情）書（記事）本身的性質功能來看，皆不足以言統類，若治學而止於此（只知不行、只學無統），那麼，一定徒勞無功，「末世窮年不免為陋儒而已」（〈勸學〉），是以，荀子講求隆禮義而殺詩書。〔註3〕亦即，提倡實踐精神，而以治學貴在篤行，不在文飾，且特重「誦數以貫之，思索以通之」〔註4〕（〈勸學〉），就是著重在培養學者之系統與條理。依此可知，荀子「成德之教」的主旨，就在於涵養，知行完全合於禮義，以及，讀禮明類而能觸類旁通之士君子。

第二節　成德之教的目的

由於，荀子主張性惡，所以，其教育立論，亦以化性起偽、變化氣質、明禮義之道，以完成聖賢人格為其目的。

〈禮論〉篇云：「性者、本始材朴也；偽者、文理隆盛也。無性則偽

〔註3〕荀子著書，幾乎每篇皆引《詩經》所云，故卑抑詩書，並非排斥詩書之價值，而是在於排除，專事口誦而不知其義之尋章摘句之統類之學。

〔註4〕〈大略〉篇云：「誦數以貫之，全也；思索以通知，粹也。全而粹，則倫類通，仁義一矣」，倫類通乃讀禮而能明類，故能觸類旁通，舉一反三；而仁義一，乃知行能夠完全合於禮義。

之無所加，無偽則性不能自美。性偽合，然後成聖人之名，一天下
之功於是就也。故曰：天地合而萬物生，陰陽接而變化起，性偽合
而天下治。天能生物，不能辨物也，地能載人，不能治人也；宇中
萬物生人之屬，待聖人然後分也」

此言：成己成物，皆在禮義之「偽」，所以，宇宙萬物及人類，必待聖人創制
禮義以治（教育）人，以受治之人治萬物，然後，人得其成，而物得其宜，
這就是荀子「人文化成」的基本原則。在此原則中，「偽」（即禮義之道）扮
演了一個非常重要的角色。

〈樂論〉篇云：「以道制欲，則樂而不亂；以欲忘道，則惑而不樂」

〈解蔽〉篇云：「故學也者，固學止之也，惡乎止之，曰止諸至足，
曷謂至足，曰聖也。聖也者，盡倫者也，王也者，盡制者也」

可見，荀子雖不否認，追求欲望之滿足為人生所必然的趨勢，然生活之意義，
並不在於欲望之無止境的追求，所以，荀子倡明禮義之道，以節制欲求之說。
而此節制欲求以化性起偽之禮義之道，是聖人通過積慮習能以變化氣質後，
所創制出來的。而為學的目的，就在於以窮萬物之理、盡禮法之制的聖人境
界自期。

〈禮論〉篇云：「故天者，高之極也；地者，下之極也；無窮者，廣
之極也；聖人者，人道之極也。故學者，固學為聖人也」

可知，在荀子的心目中，所謂聖人境界是「知通乎大道，應變而不窮，辨乎
萬物之情性者也」（〈哀公〉），也就是說「聖人，備道全美者也，是縣天下之
權稱也」（〈正論〉）。是以，荀子欲透過聖人的踐行，來指點禮義之道的全美
與良善，俾使人能見賢思齊，生欽仰篤行之心，而以努力實踐道德之修養，
成聖成賢來自我要求。荀子一方面，以勉人為善成聖為教育之最終目的，另
一方面，又以成聖為人人可得而至，且以聖人境界為人格教育之最高理想。

〈儒效〉篇云：「聖人也者，道之管也，天下之道管是矣」

這是說明：聖人乃大道之樞要，〔註5〕與人格之最高發展，乃天下國家、歷史
文化精神命脈之所繫，所以，荀子認為，聖人之所以值得效法，乃因聖人是透
過《詩》《書》《禮》《樂》《春秋》等，言志、記事、德行、和樂與徵旨，〔註6〕

〔註5〕王先謙：《荀子集解》，楊倞注：「管乃樞要也」。
〔註6〕〈儒效〉篇云：「詩言是其志也，書言是其事也，禮言是其行也，樂言是其和
也，春秋言是其微也」，此言：詩經所講的是聖人的意志，書經所講的是聖人

而為天下之矜式的。此如，以水管而得水源，聖人之所以為聖，其義乃是使人可通過之（以其為管道）而與禮義之道相互契合。依此可知，荀子教學的科目，乃本孔子六藝之學，是以，斷不可因隆禮義而殺詩書之原則，而驟認荀子排斥《詩》《書》之教學價值。然因荀子客觀精神面極強，所以，「人道之極」的聖人，仍須有外王的事實，才是人格之極致表現。

> 〈儒效〉篇云：「平正和民之善，億萬之眾而搏若一人：如是，則可謂聖人矣」

依此，荀子所說的聖人人格，應該是政績（外王）與德業（內聖）皆完備的，而荀子所謂「成德之教」，亦是以培養此最高人格為目的。

第三節　成德之教的方式

荀子乃通過心之「知」，而使人由惡通向善，然依其所言，固有之本性是惡傾的，而善（亦即偽）則是外在的、客觀的。是以，若僅僅是普遍地知道外在之善，並不等於取代了本性中所有的惡，因而，荀子說：「性也者，吾所不能為也，然而可化也」（〈儒效〉），即是化性須有一套成德的理論工夫以為撐持，故在知善之後，必須為善。荀子有見於固有之本性之不完美，故必待後天之教育以擾化之，所以，非常注重內心的修養，以陶鑄道德的情操。

> 〈修身〉篇云：「志意修則驕富貴；道義重則輕王公；內省則外物輕矣」
>
> 〈儒效〉篇云：「故君子務修其內讓之於外；務積於身而處之以遵道」
>
> 〈勸學〉篇云：「君子博學而日參省乎己，則知明而行無過矣。故不登高山不知天之高也；不臨深谿不知地之厚也；不聞先生之遺言，不知學問之大也」

其中，內省、修其內及參省乎己，都是關於內心的修養，具備此內心之修養，方能成就荀子所謂的道德情操。

> 〈勸學〉篇云：「學也者，固學一之也。一出焉，一入焉，塗巷之人也；其善者少，不善者多，桀紂盜跖也；全之盡之，然後學者也。君子之夫不全不粹之不足以為美也，固誦數以貫之，思索之通之，

的事行，禮經所講的是聖人的行為，樂經所講的是聖人的和樂，春秋經所講的是聖人的微言大義。

　　爲其人以處之，除其害以持養之。使目非是無欲見也，使耳非是無
　　欲聞也，使口非是無欲言也，使心非是無欲慮也……是故權利不能
　　傾也，群眾不能移也，天下不能蕩也。生乎由是，死乎由是，夫是
　　之謂德操」

因著，荀子不以仁義之善爲我所固有，而應機即能當下任取之，所以，其教
育的方法，是採「長遷而不反其初」（〈不苟〉）的漸近方式與步驟，同時，兼
顧先天遺傳、後天環境與機會教育等三大因素。以下乃就勸學與積善、專一
與守恆、環境、師法、君與勢、禮樂教化、治氣與養心等七項，分別論述荀
子教育哲學，所著重之方式與途徑：

一、勸學與積善

　　學習，是荀學去惡從善的唯一途徑，所以，荀子特別重視治學，而有勸
學之作。

　　〈勸學〉篇云：「吾嘗終日而思矣，不如須臾之所學也」

可見，有一分耕耘，才可有一分收穫，荀子勸人向學的目的，就是勉人，要
怎麼收穫就怎麼栽。亦因荀子以人性惡，所以，只能靠人爲的努力，不斷地
向外去學習，由少而多地逐漸累積，如此將經驗累積到一定程度時，即可將
具有惡傾之性，加以轉化，所謂「君子生非異也，善假於物也」（〈性惡〉）。
故而，荀子特別重視治學，他將治學之漸進歷程，稱之爲積。〔註7〕

　　〈儒效〉篇云：「人積耨耕而爲農夫，積斲削而爲工匠，積反貨而爲
　　商賈，積禮義而爲君子」

　　〈儒效〉篇云：「積也者，非吾所有也，然而可爲也……並一而不二，
　　所以成積也……故聖人者，人之所積也」

　　〈勸學〉篇云：「爲善不積邪，安有不聞者乎」

　　〈榮辱〉篇云：「可以爲堯禹，可以爲桀跖，可以爲工匠，可以爲農
　　賈，在執（王先謙謂執衍文）法（注）錯習俗之所積耳」

此言「積也者，非吾所有也，然而可爲也」，是相對於「性也者，吾所不能爲
也，然而可化也」（〈儒效〉）說的，這是說明，「積」雖不是人所固有，但却

〔註7〕僞就是積，所以荀子常將積僞連爲一辭；如〈性惡〉篇：「然則禮義積僞者，
　　豈人之本性也哉」、又「今將以禮義積僞爲人之性耶」。

－95－

是人人可為之後天經驗的人為活動。而依於荀子重視經驗之積累，所以，常以積與善、積與習連言。

〈勸學〉篇云：「積土成山，風雨興焉；積水成淵，蛟龍生焉；積善成德，而神明自得，聖心備焉」

〈勸學〉篇云：「今使塗之人伏術為學，專心一志，思索孰（熟）察，加日縣（懸）久，積善而不息，則通於神明，參於天地矣」

〈勸學〉篇云：「君子之學也，入乎耳，著乎心，布乎四體，形乎動靜。端而言，蝡而動，一可以為法則」

〈儒效〉篇云：「積善而全盡，謂之聖人」

由此可知，積善是要使人人終生為善，以至於「終乎為聖人」，因而，荀子是以積善的工夫，來達到變化氣質之目的，而此氣質之變化，也就是學習的歷程。

〈儒效〉篇云：「習俗移志，安久移質。並一而不二，則通於神明，參於天地矣」

荀子謂「積善」，就如同是「積習」。可見，積習日久，就可成聖，而聖人即是積善全盡而後成的，因而，在荀子看來，積習就是積學，積學就是積善，累積學習之經驗，就能使有惡傾之性，通向善之途徑。依此可知，荀子之教育方式，不但是徹底的漸教，而且，還是以知識來成就道德的教育範型。

二、專一與守恆

因著荀子主張，積習而為善，積善而成德，可見，積可成偽（荀子以性惡善偽）。然而，若欲成偽，還必須作專一與守恆的工夫。

〈勸學〉篇云：「無冥冥之志者，無昭昭之明；無惛惛之事者，無赫赫之功。行衢道者不至，事兩君者不容。目不能兩視而明，耳不能兩聽而聰……故君子結於一也」

冥冥、惛惛，皆專默精誠之意。[註8] 此言：有德之君子明瞭，不論是治學或行事，都須精誠專一，方能有所成。

〈解蔽〉篇云：「自古及今，未有兩而能精者也」

〈勸學〉篇云：「不積頤步，無以致千里；不積小流，無以行江海。騏驥一躍，不能十步；駑馬十駕，功在不舍。鍥而舍之，朽木不折；

[註8] 語出李滌生：《荀子集釋》，頁8，原註10。

　　　　鍥而不舍，金石可鏤」

這是說明，治學貴在有恆，功在不捨，所謂精誠所至，金石爲開。依此可知，
荀子以爲教育，就在於啓發人們精誠無間地積學向善，所以，無論何事皆能
以後天之學習，來改善先天之本性。故而，荀子並不標榜人之資賦之不同，
而以人人皆可爲聖人。亦即，其對人不存歧視，而主張人性平等，故對受教
者，亦未有厚此薄彼之待遇（教育機會均等），反倒認爲，人性皆有惡傾（先
天遺傳），人人皆須從頭作起，由根本改變。依此，荀學強調人能化性起僞，
人人皆可提昇其生命，而達超凡入聖之境。

三、環　境

　　　　荀子除重視個人自身須努力治學外，還十分凸顯環境對於人的薰習力
量。而由於環境是屬於客觀方面，亦即是消極性的因素，所以，荀子名爲「漸」
或「靡」。

　　　　〈勸學〉篇云：「蓬生麻中，不扶而直；白沙在涅，與之俱黑。蘭槐
　　　　之根是爲芷，其漸之滫，君子不近，庶人不服。其質非不美也，所
　　　　漸者然也。故君子居必擇鄉，遊必就士，所以防邪辟而近中正也」

此言：荀子以爲人性，只有一些可知之質，可能之具，不過如一張白紙，在
其上的事物，皆由積漸而來。依此可知，環境對於人的影響，是多麼的深遠。
人若不自覺地處於險惡環境中，沉浸（即積漸）久了，那麼，也就沒有從善
之可能。

　　　　〈性惡〉篇云：「身日進於仁義而不自知也者，靡使然也。今與不善
　　　　人處，則所聞者欺誣詐僞也，所見者汙漫淫邪貪利之行也，身且加
　　　　於刑戮而不自知者，靡使然也。傳曰：『不知其子視其友，不知其
　　　　君視其左右。』靡而已矣！靡而已矣」

由此可知，荀子基於學習環境周遭的人事物，都會對「成德之教」產生或多
或少、有形無形的好壞反應，因而，提倡教育之方針，必對環境之良窳長期
（積漸、積靡）所帶給人正面及負面的導向，作一評估，且設法研究作改進
（如孟母三遷或求賢師而事之、擇良友而處之）。

四、師　法

　　　　荀子重視知識的目的，是在於成就道德之行爲，而知識對於行爲而言，

本是無顏色的，是以，荀子即不得不先以道德來保證知識的方向。然道德的
發端，既無「天」或「性」以爲超越之根據，又無「心」以爲內在之根據，
因而，卻只有落在客觀外在的聖王之法（盡倫盡制所形成者），至於，教導人
使人接受這法的，便是師。

〈修身〉篇云：「禮者，所以正身也；師者，所以正禮也。無禮何以
正身；無師，吾安知禮之爲是也」

可見，於荀學教育理論之系統中，師法所佔的重要份量。〔註9〕尤其，荀子以
爲，師者應先自正，故特別強調「夫師、以身爲正儀，而貴自安者也」（〈修
身〉），爲人師者，若不能自正、自安，則何以爲人之正儀，是以，荀子特重
師範教育。〔註10〕

〈儒效〉篇云：「師法者，所得乎積，非所受乎性」

此言：人有師法，是透過後天經驗的人爲活動（積）而有的，所以說「人無
師法則隆性矣；有師法則隆積矣」（〈儒效〉），而此亦謂，性不足以獨立而治，
必待積習以化之。故而，人有師法，就自然而然地會崇尚積習，專心一志於
師法，久則性情之實，自安於師法之化，而依順師法以行，如此就可成積。

〈勸學〉篇云：「學莫便乎近其人。學之經，莫速乎好其人」

〈修身〉篇云：「故非我而當者，吾師也；是我而當者，吾友也……
故君子隆師而親友」

由此可知，師不僅僅是教人智識，而且，要能以賢師之人格感化人，而由荀
子對師法的重視，可證成其於人的成就，具有相當決定性的意義，此即〈儒
效〉篇云：「故人無師無法，而知則必爲盜；勇則必爲賊，云能（有能）則必
爲亂，察則必爲怪，辯則必爲誕；人有師有法，而知則速通，勇則速畏，云
能則速成，察則速盡，辯則速論。故有師法者，人之大寶也；無師法者，人
之大殃也」之意。

五、君與勢

荀子雖以人之所以求善，來證明人性是惡的，但他似乎也意識到，以惡
傾之性去積善，並非出於人情之自然，因而，其教育理念多少帶有點強制性

〔註9〕參閱徐復觀：《中國人性論史》〈先秦篇〉，頁252。

〔註10〕魏元珪氏謂：「禮法者不過爲客觀之準繩，師法者乃爲主觀之輔導」。語出魏
元珪：《荀子哲學思想》，頁185。

質，排除了教育內涵中的主動性，使得受教者處於完全被動的地位。

〈性惡〉篇云：「故古者聖人以人之性惡，以為偏險而不正，悖亂而
不治，故為之立君上之埶以臨之，明禮義以化之，起法正以治之，
重刑罰以禁之，使天下皆出於治，合於善也……今當試去君上之
埶，無禮義之化，去法正之治，無刑罰之禁，倚而觀天下民人之相
與也。若是，則夫彊者害弱而奪之，眾者暴寡而譁之，天下悖亂而
相亡，不待頃矣」

〈榮辱〉篇云：「人之生固小人，無師無法則唯利之見耳……君子非
得埶以臨之，則無由得開內焉……人無師無法，則其心正其口腹也」

此言：聖人有見於人性是惡的，所以，為建立君上之權勢，而推展禮樂之教
化與政治之制度，使人不致因無師無法，而其心就僅止於口腹之欲的追求。
亦即，不致因為沒有政治上的強制力量以為教化之媒介（輔助力量），就「順
是」不返而萬劫不復了。〔註11〕

六、禮樂教化

儒家言教化，分開來說，稱之為禮教、樂教，合而言之，則曰禮樂教化。
荀子謂禮教，是道德修養的規範。

〈致士〉篇云：「故禮及身而行修」

此言：人若以禮修身，其道德就會美善，而荀子重視禮以為教化，是有其原
因。首先，因他主張「性惡」，所以道德不由內發，而須靠外面力量的漸靡（即
孟子所謂外鑠），是以，自然重視禮以制其外的作用。其次，荀子所把握到的
心，為「認知心」，認知心是向外攝取而構成知識的，而重知識便特重統類、
倫類，〔註12〕亦即，禮即是統類之內容。再者，由於荀子是徹底地經驗性格，
不喜言抽象的原則，而著重具體的制度、辦法，而「禮」即是他所謂具體的
行為規範及政治制度。依此可知，荀子是以禮為修養、教育、政治等一切所
有事之理則，所以，他說：「凡用血氣、志意、知慮，由禮則治通，不由禮則

〔註11〕關此，參閱徐復觀：《中國人性論史》〈先秦篇〉，頁253。
〔註12〕荀子言「統類」之處：〈性惡〉篇：「終日化其所以言之，千舉萬變，其統類
一也，是聖人之知也」，〈儒效〉篇：「志安公，行安修，文而類，終日議其所
以言之，千舉萬變，其統類一也，是聖人之知也」，及〈非十二子〉篇：「若
夫總方略，齊言行，壹統類」。言「倫」類之處：〈勸學〉篇：「倫類不通，人
義不一，不足謂善學」，及〈臣道〉篇：「禮義以為文，倫類以為理」。

勃（悖）亂提（弛緩）僈（慢）」（〈禮論〉），「禮者，人道之極也」（〈禮論〉），
及「人無禮則不生，事無禮則不成，國家無禮則不寧」（〈修身〉）。

　　然而，荀子如此強調禮的重要，不外乎禮之作用的廣博。因而，荀子標
舉有辨爲人與禽獸不同的地方。

　　〈非相〉篇云：「辨莫大於分。分莫大於禮」

　　〈富國〉篇云：「人之生不能無群，群而無分則爭，爭則亂，亂則窮
　　　矣，故無分者，人之大患也」

可見，人與人間所以能夠和諧相處，就在於能分，而「禮」的作用，就是在
於一個「分」字。此外，荀子以爲，欲重在疏導與滿足，而禮正具有此養欲
的作用。

　　〈禮論〉篇云：「故禮者養也。芻豢稻粱，五味調香，所以養口也；
　　　椒蘭芬苾，所以養鼻也；雕琢刻鏤，黼黻文章，所以養目也；鐘鼓
　　　管磬，琴瑟竽笙，所以養耳也；疏房檖貌，越席床笫几筵，所以養
　　　體也。故禮者養也」

依上所述禮的作用及重要性來看，莫怪乎荀子要以「學至乎禮而止矣」（〈勸
學〉）。荀子既謂禮能養欲，而人類之欲，主要有兩方面：一是精神上的，一
是物質上的。爲了養物質上的欲，荀子主張富國；爲了養精神上的欲，荀子
強調樂教。〔註13〕

　　〈富國〉篇云：「禮者，貴賤有等；長幼有差，貧富輕重皆有稱者也……
　　　使民必勝事，事必出利，利足以生民，皆使衣食百用出入相揜，必
　　　時臧餘，謂之稱數。故自天子通於庶人，事無大小多少，由是推
　　　之……輕田野之賦，平關市之征，省商賈之數，罕興力役，無奪農
　　　時，如是則國富矣」

由重禮其國必富，可知禮與富國，關係之密切。而荀子亦進一步說明，「禮」
與「樂」之間的關係。

　　〈樂論〉篇云：「樂者，聖王之所樂也，而可以善民心，其感人深，
　　　其移風易俗。故先王導之以禮樂，而民和睦。夫民有好惡之情，而
　　　無喜怒之應則亂；先王惡其亂也，故修其行，正其樂，而天下順
　　　焉……樂也者，和之不可變者也；禮也者，理之不可易者也」

〔註13〕參閱吳怡：《中國哲學發展史》，頁213。

此言：「禮」主節，「樂」主和；「禮」自理言，「樂」從情言；制「禮」以修治人的行為，正「樂」以和善人的性情，天下就會和諧安康。而荀子所以盛贊「禮」「樂」間的相互功用以為教育之具體方式，乃因「禮樂教化」能夠使理智（「禮」在區別人倫關係，使能各安其位各當其分）與情感（「樂」能合同人群之情感，藉志意之溝通以和洽人心）兩者得到協調。〔註14〕

〈樂論〉篇云：「窮本極變，樂之情也；著誠去偽，禮之經也」
這是說明：「樂」的功能，是窮盡人心之本原與極盡情感之變化；而表現誠敬的情操與消除虛偽的行為，則為「禮」的常度。依此可知，荀子以為教育的目的，在於變化氣質，而如何陶情冶性，則端賴乎禮樂教化之薰陶，以收潛移默化之功。是以，唐君毅先生謂：荀子之禮樂，乃通天地萬物與人心，以盡倫盡制而貫於歷史之道，具體表現所成之人道之極者。〔註15〕

七、治氣與養心

因著荀子以「氣性」言性惡之「性」，所以，其論教育非常重視修養的工夫。而其所謂變化氣質、涵養心性的方法，就是治氣與養心。

〈修身〉篇云：「治氣養心之術：血氣剛強，則柔之以調和；知慮漸深，則一之以易良；勇膽猛戾，則輔之以道順；齊給便利，則節之以動止；狹隘褊小，則廓之以廣大；卑溼重遲貪利，則抗之以高志；庸眾駑散，則劫之以師友；怠慢僄棄，則炤之以禍災；愚款端愨，則合之以禮樂，通之以思索。凡治氣養心之術，莫徑由禮，莫要得師，莫神一好。夫是之謂治氣養心之術也」

此言：血氣剛強而好與人爭的人，就以調和之德來使他柔順；智慮深沉而好攻心機的人，就以率直之德來專一他的志意；勇猛暴厲而好衝動的人，就以道理輔導他使其冷靜；言語行動過於敏捷的人，就以安詳徐緩的舉止來節制他；器量狹隘而過於褊小的人，就以廣大的胸襟來開廓他；卑下迂緩而貪利苟得的人，就以高尚的志趣來振拔他；庸俗駑下而不自檢束的人，就以師友之挾持力量來移奪其習氣；怠慢不謹而自暴自棄的人，就以災禍來曉喻他使

〔註14〕依〈樂論〉篇云：「樂合同，禮別異」，禮的功能在別異，別異是屬於理智方面的事；樂的功能在合同，合同是屬於情感方面的事。參閱李滌生：《荀子集釋》，頁463，原註2。
〔註15〕參閱唐君毅：《中國哲學原論》〈原道篇〉貳，頁503。

—101—

其知所警惕;愚誠端愨而多無文采的人,就以禮樂之道來加以和合節理。是以,荀子認爲治氣養心之道,莫速於由禮入手,莫要於得賢師友,莫神於專一其所好,凡此即爲荀子隆禮義、重師法、貴專一之教育意義。

依此,檢視荀子所言治氣養心之術,實偏重於治氣,而對養心之意則無積極之說明。然而,荀子確有一段專論養心之語的內容,茲錄列四個小節,並加以說明如下。

1. 荀子「養心」之語,其一

〈不苟〉篇云:「君子養心莫善於誠,致誠則無它事矣。惟仁之爲守,惟義之爲行。誠心守仁則形,形則神,神則能化矣。誠心行義則理,理則明,明則能變矣。變化代興,謂之天德」

此言:「養心」之道,沒有比眞誠更重要的了。君子眞誠之極,則專一地守仁行義而無它事以分其心。君子誠心守仁,則實德形著於外,人望之如神明而自遷於善(這是「化」)。君子誠心行義,則行爲必合乎事理而是非分明,人不敢欺而自改其惡(這是「變」)。天道陰陽運行以化萬物,春生冬落以變萬物,此變化是天德。而君子守仁行義以爲本而能化能變,變化交替著發揮作用而與天一般,故亦謂之天德。〔註16〕

2. 荀子「養心」之語,其二

〈不苟〉篇云:「天不言而人推其高焉,地不言而人推其厚焉,四時不言而百姓期焉。夫此有常,以至其誠者也」

此言:天地四時皆不言,而人之所以推其高厚、期其時節,乃因天地四時之運行有常,而極其誠之故。荀子此以天地至誠而生生不息,既意表生化之事,不只是自然之變化,而應有其眞實無妄者爲本,如此而言的「天」,有價值意涵。依此,則與天生人成中之被治的負面的「天」,迥不相侔。

3. 荀子「養心」之語,其三

〈不苟〉篇云:「君子至德,嘿然而喻,未施而親,不怒而威:夫此

〔註16〕此是荀子書中最特別的一段話。此節言誠與《中庸》二十三章:「誠則形,形則著,著則明,明則動,動則變,變則化。唯天下至誠爲能化」義同。又荀子少言天德,亦從未有如此言天德者:〈天論〉篇言天職、天功、天情、天官、天君、天養、天政皆自然而有,並無形上超越或道德價值的意味;天與性一樣都是負面的被治的,無可言善。而於此處則改從正面義說天德,顯得非常特殊。

　　　　順命，以愼其獨者也。善之爲道者，不誠則不獨，不獨則不形，不

　　　　形則雖作於心，見於色，出於言，民猶若未從也；雖從必疑」

此言：由於君子有至誠之德，所以，不用說話，人就明白；不用施惠，人就親
近；不用發怒，人就敬畏。人之所以如此順從於君子，乃因君子能夠誠心專一
（「愼獨」）於守仁行義之故。是以，荀子認爲，善於治國的人深知，不誠就不
能專一，不能專一就無所表現於外，若無所表現於外，則雖起於心意，現於顏
色，出於言語，人民依然不會順從，而即使順從，也會疑慮不安。際此，牟宗
三先生即指出：荀子若能如孟子所說：「反身而誠，樂莫大焉」（〈盡心上〉），則
可悟本原之天德，既已呈露於本心，何至於駁斥孟子之性善哉？〔註17〕

4. 荀子「養心」之語，其四

　　〈不苟〉篇云：「天地爲大矣，不誠則不能化萬物；聖人爲知矣，不

　　誠則不能化萬民；父子爲親矣，不誠則疏；君上爲尊矣，不誠則卑。

　　夫誠者，君子之所守也，而政事之本也」

此言：以天地之大，不誠則不能化育萬物；以聖人之智，不誠則不能教化萬
民；以父子之親，不誠則將日漸疏離；以君上之尊，不誠則爲在下所卑視。
是以，荀子以誠乃君子「養心」所必守，且爲治國爲政之根本。

　　由上述四節荀子專論「養心」之話語看來，其重「以心治性」而言修養
工夫，實無可厚非，但此所謂「養心」，卻與荀子一貫的思想立論，不甚一致。
〔註18〕不過，荀子所強調治氣養心之守誠、專一等修養之道，確爲培養健全
的人格教育，與崇高的道德理想而發的。

　　依「成德之教」的七項方式，勸學與積善、專一與守恆、環境、師法、
君與勢、禮樂教化、治氣與養心等解析，荀子相當強調禮樂教化之薰習、重
視後天環境之習染、講求專一與有恆之效用，這些都是儒家論教育思想的共
同理念。而循荀子之學問性格，則又別開了治氣與養心之術、君與勢的強制
力量、極力鼓吹向學積善及特申師法之重要的教學新方向；即此對於荀子所
處之時代，震撼不可謂不強，反省不可謂不深，貢獻不可謂不大。且由荀子
對於生命之體驗如此，因而，所締造「成德之教」具體且深遠之意義及價值，
誠可謂殊瀚矣。

〔註17〕參閱牟宗三：《名家與荀子》，頁198。

〔註18〕與荀子思想一致的養心之道，當從〈解蔽〉篇所謂「虛壹靜」的工夫上說。
　　　　詳見本書第二章第二節。

第四節　成德之教的功能

其實，每種教育方式本身，皆有其不可磨滅的功能，只是，依從荀子論「成德之教」的重心，是定位在如何「化性起偽」（已惡傾欲從善，而不是本善欲更善）的努力上，故而，更形需要最本質的工夫以通化之，即此，則非治學與隆禮莫屬了。至於，積、誠、一、勢等外緣工夫，亦自有其全成治學與隆禮之本質工夫的意義，是以，論「成德之教」的功能，主要自「治學」與「隆禮」這兩方面來加以闡述。

〈勸學〉篇云：「君子知夫不全不粹之不足以爲美也，故誦數以貫之，思索以通之」

此謂「治學」的功能。反覆誦讀以貫串其學，乃全也；不斷思索以通達其理，乃粹也。學至於全而粹，則內可貞定自己，外可應事處變，如此即爲成德之人。易言之，荀子認爲積學不息，就能成就高尙的道德人格，就可得到超常的智慧而具備大淸明的聖心。〔註19〕

〈勸學〉篇云：「君子博學而日參省乎己，則知明而行無過矣」

荀子認爲，以每日所學來參驗省查自己的言行，就可以心智日明而行爲無過。依此而言治學之功能，可見荀子之重智精神。

〈勸學〉篇云：「物類之起，必有所始。榮辱之來，必象其德……故言有召禍也，行有召辱也，君子愼其所立乎」

此言學與德，總是相互關連的。榮辱禍福皆由自取，而榮辱之來，必與其人之德行相應；善行則榮至而得福，惡行則辱至而得禍。而善德之立，必由於學，君子愼其所學，故能遠禍德福而終身無憂，此即〈子道〉篇云：「君子其未得也，則樂其意，既已得之，又樂其治，是以有終身之樂，無一日之憂」。〔註20〕

〈正名〉篇云：「生之所以然者謂之性；性之和所生，精合感應，不

〔註19〕此乃〈勸學〉篇云：「積善成德，而神明自得，聖心備焉」之義。

〔註20〕荀子欲人求榮避辱遠禍得福而終身無憂，故教人兼權之道。〈不苟〉篇云：「凡人之患，偏傷之也，見其可欲也，則不慮其可惡也者，見其可利也，則不顧其可害也者，是以動則必陷，爲則必辱，是偏傷之患也」，此言：見其可利，則必前後慮其可害也者，而兼權熟計之，然後定其欲惡取捨，如是方可免於失陷。依此，荀子亦主知命，所謂「人之命在天，國之命在禮」（〈彊國〉），辨天人，盡人職，以制天之所命（自然之法則與必然之秩序）；而制於人與被制於天悉決之於一己之方寸間，故君子知命必不怨天。

事而自然謂之性。性之好、惡、喜、怒、哀、樂謂之情。情然而心
爲之擇謂之慮。心慮而能爲之動謂之僞；慮積焉，能習焉，而後成
謂之僞。正利而爲謂之事。正義而爲謂之行。所以知之在人者謂之
知；知有所合謂之智。所以能之在人者謂之能；能有所合謂之能」

此言「隆禮」的功能。陳大齊先生據此，將荀子所說具體的心理活動，歸納
爲性、情、慮、僞、事、行、知、能八種。〔註21〕對於每遇外在之刺激所生
之喜怒哀樂等，種種直接而主觀之情緒反應，荀子以爲禮樂教化，足以端正
之，使之發而皆中節。

〈儒效〉篇云：「縱性情而不足學問……行忍情性然後能修」

這是說明：禮樂教育的功能，在使「性情」做到行忍的地步。非行忍不足以
修爲，非修爲則不足以問學，所以，陶情冶性是行忍的基本工夫，而唯有「禮」，
能收行忍之效。對於「心」依自然的情緒反應，所作之選擇（「慮」），荀子以
爲「夫故其知慮足以治之」（〈富國〉），亦即，禮教可防微杜漸，可以治「慮」，
俾導正行爲之動機。至於，「心」就自然的情緒反應，所作之選擇，而後由能
所發動之現實上的行爲（「僞」），荀子以爲「行僞險穢，而彊高言謹愨者也」
（〈非十二子〉），亦即，這樣的行爲極待禮教有以匡正之。其它對於事與行、
知與能，在荀子看來，亦皆必依「禮」來陶冶與培養。

儒家言「禮」，不限於人事，亦通於宗教之領域，所以，荀子亦重祭禮，
對於教化之意義與影響。〔註22〕

〈禮論〉篇云：「禮者，謹於治生死者也。生、人之始也，死、人之
終也，終始俱善，人道畢矣。故君子敬始而愼終，終始如一，是君
子之道，禮義之文也」

此言：「禮」是通貫生死，故應終始俱善，亦即，事死如事生，事亡如事存，
方可謂孝心盡、人道備。而荀子進一步以爲，表現族群之關係而分別其親疏
貴賤之界限，以及，稱人情之輕重所制定的禮文，是不可以隨意增減的。此
如儒家所論的三年之喪，荀子認爲，這是先王酌裁情理而立中（道）制節
（限），欲使君子得以節其哀傷而不過，小人未敢輕忽縱肆而不及的。依此，
則無分智愚賢不肖，皆可在「禮」的節限中，得到適度的表現，這就是「禮」

〔註21〕參閱陳大齊：《荀子學說》，頁33。
〔註22〕荀子對祭祀獨能排除古代迷信之成份，純以理智的態度而賦予新義，且爲其
　　　　倫理想思想中的重要骨幹。

對人的導化之功。然而，荀子以祭禮之教育意義，遠勝於宗教之作用，乃因祭禮兼具，傳達志意思慕之情與報恩之心的表現，所謂慎終追遠，民德歸厚也。是以，祭禮的重點，並不在鬼神本身，而是在人這方面，易言之，祭禮之節文儀式，所以有其意義，乃因其中有祭者誠摯的志意思慕之情貫注於其間，而顯發了敦厚崇禮的實理，因此，眞實的人文之道乃得以成。故而，依荀子，祭禮不直接是道德，而有成就德行之功，不直接是宗教，而有導化人心之用。

而依上述之「治學」與「隆禮」的功能來看，荀子實具有非常敦厚篤實之心靈，且帶有非常理智而客觀之精神。

第五節　積極有爲的入世教育論

儒家的學問，不以如何吸取知識爲務，其發而爲教育哲學之理念，乃是篤實誠樸之「成德之教」，偏重在教人如何成德或成聖的學問上立論，這是每個人，不論其職業或興趣爲何者，皆須具備此生命實踐之德性修養的。即如荀子，好似以追求知識爲教化之首要條件的先行工夫，然事實上，其謂「成德之教」的最終目的，仍是欲使人成爲有德者。因此，他特別重視學習的重要。

〈性惡〉篇云：「枸木必將待櫽栝、烝矯然後直；鈍金必將待礱厲然後利」

在學習的過程中，同時需要個人積極的努力，與客觀環境的配合，從師而法，從善而友，且於學習的方式上，務必能靈活運用、不斷漸近及專一有恆，必要時，亦須接受強制性的教導（如忠君愛國），如此，日復一日、年復一年，終必會完全實現內聖與外王兼備之聖賢人格。因而，由荀子之成德理論看來，終身實踐的觀念最重要，這不但是儒學實踐道德之修養理論的延續，更是主張性惡說而欲實踐道德之唯一可行的做法。所以，即使受教育的時間非常有限，仍須力行教育意義的內在責成性，此是終身無法磨滅的。

〈勸學〉篇云：「爲之人也，舍之禽獸也」

不僅要終身實踐治學，更要終身積善以成德。依此可知，荀子「以智成德」的思想理路，是如何地積極有爲了，亦即，其以一切的善，均係後天人爲之努力與修爲，故非經過積善（學）之功，不克見其全美。而在人性方面亦然，若非透過教化之陶冶，人自無法知善與行善。是以，自我的學習與實踐，固

然重要，客觀人爲的禮樂教化之功，亦不可抹煞，故而，荀子以「聖王以人之性惡而爲之起禮義、制法度，以嬌飾人之情性而化之，以擾化人之情性而導之」之「僞」，與「習俗移志，安久移質，並一而不二」之「積」，〔註 23〕相互爲用，即可皆出於治而合於道，通於神明而參於天地矣。

〔註23〕前引語出〈性惡〉篇，後引語出〈儒效〉篇。

第五章　結　論

　　荀子教育哲學的思想體系，可以「天生人成」這個基本原則來概括。而此教育哲學所意涵的成德理論，其實就是人文精神的高度彰顯。值此倫理意義與道德價值隱而不顯的灰暗時代，更加凸顯人文精神之必要與重要；《易經》〈賁卦・象傳〉曰：「觀乎天文以察時變，觀乎人文以化成天下」，即是說明人文精神的出現與建構，象徵著人類已然脫離原始型態之盲昧，而邁向文明歷史之進程。因而，現今社會所需求的，不再僅止於是提升物質生活的專業科技，益形迫切的，還是精神文化的涵養與陶冶，這也就是人文教育會被重新加以審視的實質意義。不過，在現今不得不強調的人文思維裡，人必須先認清自己、清楚定位自我，那就是人性確有陰暗的一面，而荀子教育哲學的意義、內涵與價值，就於此完全呈顯。

一、荀子教育哲學的意義

　　孟子言「性善」，其論教育的哲學理念，是重視本心的存養擴充，及環境對學習的影響；荀子道「性惡」，則是從人性最自然流露之一面，翻越上來以「人文化成」之意義，重新定位人的價值。兩者於教育之意涵，皆有其哲學理念（心、性、天）以為根據，而荀學之強調後天教育「成德之教」的重要，該是失落先天本心善性後，最能針砭以自然情欲為人性之向下沉淪的普羅大眾，所應追求突破的向上超越之道。

　　雖然，荀子未能貼切呼應儒家人文精神，於生命理想面所興發出之核心意涵，但是，荀子之所以為儒家的代表人物之一，就在於其教育哲學之意義，亦在於傳承儒家所開顯之創造性的人文精神，以肯定人本、倫理優位、陽剛

健動而爲典範。易言之，基於人與天地萬物爲一體的本懷，同時，實踐人因具有較高道德理性之價值層位，是儒家教育哲學中所蘊含，人有此擔負遍及一切存在的道德義務，只是，荀子出於現實面之人性之常，以爲立說的出發點，致力於闡釋「性惡善僞」之教育哲學的意義。

二、荀子教育哲學的內涵

荀子視「天」爲自然現象，沒有道德、沒有創造、沒有意志存乎其間，因而，天之生萬物，亦只是自然地生；如此說的「天」，是自然的、負面的，亦即，荀子只是以理智的態度，來認知「天」之眞，而不是以理想態度，來體認「天」之善，是以，「天」既不能禍人，也不能福人，依此，荀子以之爲被治對象，而主張制天用天。

由於荀子自觀察經驗現象出發，由此而歸結出，人實以感官本能（耳辨聲）、生理欲望（飢欲食）及心理情緒（好利欲德）等之自然性質或徵象爲「性」，如此說的「性」，是自然的、負面的，易「順是」而流於惡，亦即，荀子只是出於有辨合、有符驗的經驗心態來瞭解「性」，而不是以道德自覺的反省親證來直指「性」，所以，荀子以之爲被治的對象，而主張「化性起僞」。因此，凡屬自然，皆不能自成，皆是負面的、被治的，必須加人爲而後成，易言之，須由負面的「天」與「性」，進到正面的「心」，而後才顯出荀子教育哲學之立論面的積極性格。

荀子論「心」，走的是「以智識心」的學問理路，如此說的「心」，是正面的能知、能慮、能擇、能辨，亦即，是以認知與思辨爲主的「認知心」或「智心」，而此「心」只要通過虛壹靜之工夫，與認知禮義，就能定是非、決嫌疑，並可以之來治性。因此，「心知」乃成爲荀子思想中，由惡向善的通路，而「禮義」則是客觀而外在的行爲規範。

依此，所謂「天生人成」，自「天生」方面言，皆是負面的、被治的，此無可云善；自「人成」方面言，皆是正面的、能治的，而此方可言善。據荀子所指出，善乃在禮義法度，而禮義法度，乃出於聖人之僞，亦即，禮義法度係出於慮積習僞之創制（荀子所見於天者如此，故禮義法度無處安頓，只好歸之於人爲），是以，荀子的絕對精神與主體精神不立，遂轉而朝向客觀精神發展。

荀子之客觀精神，表現於重義（不安於生命毀滅，不安於全順天生而類

同禽獸）、重分（以人自始既是分位等級中的客觀存在，而倡言隆禮明分、經國定分、正名正分、明分使群）、重群（人間社會的群居和一之道，亦是由於先王制禮義以分之，使人各得其位、各當其分）、隆禮義而殺詩書、知統類而一制度，而此盡皆客觀精神之充分展現。際此，牟宗三先生就曾推崇：荀子充實飽滿，莊嚴隆重，盡人生宇宙皆攝而統治於一大理性系統中，此其分量之重，廣被之遠，非彼荀子誠樸篤實者不能言，非彼天資特高者不能行。

　　然而，儘管荀子之思想厚實博大，但客觀精神必以絕對精神爲本，而後其內在之絕對價值方能不墜，是以，檢視荀子教育哲學之理論架構及其實踐之學，若直自對治上著眼（一面通出去爲被治，一面造出來爲能治，人造能治者，正所以治被治，則能治者之功用全在相對而見。相對而見，則能治之禮義法度，亦唯是工具之價值，而無內在之價值），乃不若自理上直揭也。有見於荀子之廣度，必轉而繫屬於孔孟之深度，否則，其所顯示之客觀精神，必將因所帶出之法家思想而偏差毀滅（法家無法鑑識荀子之禮樂教化，故以法爲教，以吏爲師，這是荀子終究是儒家，而有別於法家之根本差異處）。

三、荀子教育哲學的價值

　　荀子是繼孔孟之後的大教育家，其教育哲學之理想，乃建立在行爲規範之上，而提倡治學與教育的重要性。荀子主智的經驗性格，表現在人倫日用上，遂以反省自身之生命，與傳承文化之思想自任，他非常強調：學以知通統類（類通）爲原則，以師法禮義爲準繩，以經驗累積（積漸）爲標的，並以聖王合一爲最高境界。這是荀子最爲儒家的根源處，尤其，他盛贊禮義之統的人文實證精神，與政教（聖王）合一的德（行、功）業兼重態度，在在都有進於儒家之言教化者，而堪稱爲一代之教育大師。

　　其所闡發的爲學工夫，雖是順取（外鑠）的漸教路數，然此正有助於逆覺體證之悟的不足，尚有，荀子主張，向下紮根（人人性惡，故必皆爲學）而腳踏實地學，日積月累且靈活運用（知統明類）地知，且須終身努力地永恆實踐，凡此，又未嘗不是反求諸己外，治學爲善的根本工夫。因此，即使就道德實踐而言，其未能從先天心體，開發道德的動源，在踐德成聖的本質工夫上有所欠缺（聖人之僞，禮義法度不繫於其德性，而繫於其才能，如此地可遇不可求，則禮義法度即失其普遍必然性。而禮義雖可學，但因性分中無此事，即雖可而不必能），亦在成德理論的思想根源處有其罅隙（可以爲禹

而不必能爲禹，可；亦猶人人可以爲聖而不必眞能爲聖。然人人皆有可以知仁義法正之質，皆有可以能仁義法正之具，而不必眞能知行仁義法正，則不可），然而，其奠基於「成德之教」之教育哲學，所揭櫫與體認的精神及義蘊，著實值得後世之景仰與效法。

「成德之教」關聯所及的是：人的道德意向與人的存在問題，所以，荀子的「成德之教」也可說是人性的教育。無論是「性惡」或「性善」，人性的教育總離不開自我的修證，亦必須落實於日常生活之中，依此，荀子之教育哲學可謂是德性教育、生活教育、人性教育、人格教育、人生教育之「生命教育」的整合教育。現行之「生命教育」乃分門別類而各有所重，「成德之教」則是心論、性論、天論一以貫之，無論是荀子的教育哲學，或孔孟之教育意涵，對於倫理意義之提撕與道德價值之闡述，皆能對於現今的「生命教育」有所啓發，這會是一個開啓新視野與傳統人文精神之交流對話的路徑。我們期待人文教育可以是人心回歸省思與人性自我檢視，最後能有所憑依與實踐的核心道路，而荀子教育哲學所成就的價值，即是講求道德理想優於人性現實的素樸理論與光明指引。

參考書目

一、典　籍

1. 朱熹：《四書集注》十九卷（台北市：中華書局，1981 年）。
2. 劉寶楠：《論語正義》二十四卷（台北市：中華書局，1968 年）。
3. 屈萬里：《詩經釋義》（台北市：中華文化出版，1953 年）。
4. 屈萬里：《尚書釋義》（台北市：中華文化出版，1956 年）。
5. 程頤、朱熹：《易本義》（台北市：莊嚴出版社，1984 年）。
6. 程頤、朱熹：《易程傳》（台北市：莊嚴出版社，1984 年）。
7. 杜預注・孔穎達正義《春秋左傳正義》六十卷（台北縣：藝文印書館，1955 年）。
8. 司馬遷：《史記》（北京市：商務印書館，2005 年）。
9. 墨翟：《墨子》（北京市：商務印書館，2005 年）。
10. 王弼撰・陸德明釋《老子道德經注》（台北市：世界書局出版，1957 年）。
11. 郭象注・陸德明釋文・成玄英疏・郭慶藩集釋：《莊子集釋》（台北市：中華書局，1973 年）。
12. 程顥、程頤撰《二程全書》（台北市：中華書局，1981 年）。
13. 朱子著・張伯行輯訂：《朱子語類》（台北市：商務印書出版，1973 年）。
14. 陸九淵：《陸象山全集》（台北市：世界書局出版，1960 年）。
15. 王守仁：《王陽明全集》（上海市：上海古籍出版，1992 年）。

二、書目：孟子集書

1. 王邦雄、曾昭旭、楊祖漢：《孟子義理疏解》（台北市：鵝湖出版，1989 年）。

2. 牟宗三：《圓善論》（台北市：學生書局出版，1985 年）。

3. 滕春興：《孟子教育哲學思想體系與批判》（台北市：正中書局出版，1984年）。

4. 陳大齊：《孟子待解錄》（台北市：商務印書出版，1981 年）。

5. 張奇偉：《亞聖精蘊：孟子哲學眞諦》（北京市：人民出版發行，1997 年）。

6. 傅佩榮：《人性向善：傅佩榮談孟子》（台北市：天下遠見出版，2007 年）。

三、書目：荀子專書

1. 荀況：《荀子》（台北市：黎明文化出版，1996 年）。

2. 李滌生：《荀子集釋》（台北市：學生書局出版，1981 年）。

3. 王先謙：《荀子集解》二十卷（台北縣：藝文印書館，1977 年）。

4. 牟三宗：《名家與荀子》（台北市：學生書局出版，1979 年）。

5. 陳大齊：《荀子學說》（台北市：中國文化大學出版，1989 年）。

6. 韋政通：《荀子與古代哲學》（台北市：商務印書出版，1992 年）。

7. 周群振：《荀子思想研究》（台北市：文津出版社，1987 年）。

8. 魏元珪：《荀子哲學思想》（台北市：谷風出版社，1987 年）。

9. 劉子靜：《荀子哲學綱要》（台北市：商務印書出版，1980 年）。

10. 熊公哲：《荀卿學案》（台北市：商務印書出版，1980 年）。

11. 周紹賢：《荀子要義》（台北市：中華書局出版，1977 年）。

12. 何志華、朱國藩、樊善標編著《荀子與先秦兩漢典籍重見資料彙編》（香港：香港中文大學出版，2005 年）。

13. 柯雄文著・賴顯邦譯：《倫理論辯：荀子道德認識論之研究》（台北市：黎明文化出版，1990 年）。

14. 李哲賢：《荀子之核心思想：「禮義之統」及其時代意義》（台北市：文津出版社，1994 年）。

15. 陳修武編撰：《荀子：人性的批判》（台北市：時報文化出版，1981 年）。

16. 李瑩瑜：《荀子內聖外王思想研究》（台北縣：花木蘭文化出版，2009 年）。

17. 廖名春：《荀子的智慧》（臺北市：漢藝色研出版，1997 年）。

18. 余家菊：《荀子教育學說》（上海市：中華書局出版，1935 年）。

19. 孔繁：《荀子評傳》（南京市：南京大學出版，1997 年）。

四、書目：孟荀專書

1. 中華文化復興運動推行委員會主編：《中國歷代思想家》（五）〈孟子〉（台

北市：商務印書出版，1979 年）。

2. 中華文化復興運動推行委員會主編：《中國歷代思想家》（六）〈荀子〉（台北市：商務印書出版，1979 年）。

3. 何淑靜：《孟荀道德實踐理論之研究》（台北市：文津出版社，1988 年）。

4. 魏元珪：《孟荀道德哲學》（台北市：谷風出版社，1987 年）。

5. 楊碩夫：《孔子教育思想與儒家教育》（台北市：黎明文化出版，1986 年）。

6. 蔡仁厚：《孔孟荀哲學》（台北市：學生書局出版，1984 年）。

7. 吳康：《孔孟荀哲學》，上、下冊（台北市：商務印書出版，1967 年）。

8. 楊承彬：《孔、孟、荀的道德思想》（台北市：商務印書出版，1983 年）。

9. 中國孔子基金會編：《孔孟荀之比較：中、日、韓、越學者論儒學》（北京市：社會科學文獻發行，1994 年）。

10. 林永喜：《孔孟荀教育哲學思想比較分析研究》（台北市：文景出版社，1976 年）。

11. 楊秀宮：《孔孟荀禮法思想的演變與發展》（台北市：文史哲出版，2000 年）。

五、書目：總論專著

1. 牟宗三：《中國哲學的特質》（台北市：學生書局出版，1974 年）。

2. 牟宗三：《中國哲學十九講》（台北市：學生書局出版，1983 年）。

3. 牟宗三：《心體與性體》凡三冊（台北市：正中書局出版，1970 年）。

4. 牟宗三：《才性與玄理》（台北市：學生書局出版，1989 年）。

5. 牟宗三：《道德的理想主義》（台北市：學生書局出版，1981 年）。

6. 牟宗三：《歷史哲學》（台北市：學生書局出版，1974 年）。

7. 牟宗三：《牟宗三先生全集》（台北市：聯合報系文化出版，2003 年）。

8. 唐君毅：《哲學概論》（台北市：學生書局出版，1974 年）。

9. 唐君毅：《中國哲學原論》，〈原性篇〉（台北市：學生書局出版，1989 年）。

10. 唐君毅：《中國哲學原論》，〈原道篇〉（台北市：學生書局出版，1986 年）。

11. 唐君毅：《道德自我之建立》（台北市：學生書局出版，1978 年）。

12. 唐君毅：《中國文化的精神價值》（台北市：正中書局出版，1991 年）。

13. 唐君毅全集編委會：《唐君毅全集》（台北市：學生書局出版，1991 年）。

14. 徐復觀：《中國人性論史》〈先秦篇〉（台北市：商務印書出版，1969 年）。

15. 徐復觀：《中國思想史論集》（台北市：學生書局出版，1981 年）。

16. 徐復觀著・李維武編：《徐復觀文集》（武漢市：湖北人民出版，2002 年）。

17. 方東美：《原始儒家道家哲學》（台北市：黎明文化出版，2005 年）。

18. 方東美：《中國哲學之精神及其發展》（台北市：成均出版社，1984 年）。

19. 吳怡：《中國哲學發展史》（台北市：三民書局出版，2009 年）。

20. 王邦雄：《中國哲學論集》（台北市：學生書局出版，2004 年）。

21. 王邦雄：《二十一世紀的儒道》（台北縣：立緒文化出版，1999 年）。

22. 王邦雄：《世道：生命的學問十講》（台北縣：立緒文化出版，1997 年）。

23. 王邦雄等：《當代新儒學的關懷與超越》（台北市：文津出版社，1997 年）。

24. 楊祖漢：《儒學與康德的道德哲學》（台北市：文津出版社，1987 年）。

25. 楊祖漢：《儒學的心學傳統》（台北市：文津出版社，1992 年）。

26. 鄭力爲：《儒學方向與人的尊嚴》（台北市：文津出版社，1987 年）。

27. 蔡仁厚：《新儒家的精神方向》（台北市：學生書局出版，1984 年）。

28. 唐端正：《先秦諸子論叢》（台北市：東大出版，1981 年）。

29. 傅佩榮：《儒道天論發微》（台北市：學生書局出版，1988 年）。

30. 王充：《論衡》三十卷（台北市：中華書局出版，1981 年）。

31. 賴炎元註譯：《春秋繁露今註今譯》（台北市：商務印書出版，1984 年）。

32. 李紹崑：《哲學、心理、教育》（台北市：商務印書出版，1984 年）。

33. 任時先：《中國教育思想史》（台北市：商務印書出版，1972 年）。

34. 馮友蘭：《中國哲學史》（台北市：商務印書出版，1993 年）。

35. 楊向奎等：《中國古代哲學論叢》（帛書出版社，1985 年）。

36. 李澤厚：《中國古代思想史論》（台北市：谷風出版社，1986 年）。

37. 宇野精一主編：《中國思想》（一）〈儒家〉（台北市：幼獅出版社，1977 年）。

38. 宇野精一：《春秋時代道德意識》（東京都，大東文化研究所出版，昭和 33 年，1910 年）。

39. 渡邊秀方著‧劉侃元譯述：《中國哲學史概論》（台北市：商務印書出版，1971 年）。

40. 金耀基：《現代人的夢魘》（台北市：商務印書出版，1992 年）。

41. 楊儒賓：《儒學的氣論與工夫論》（台北市：台大出版，2005 年）。

42. 傅佩榮：《國學的天空》（陝西師範大學出版社，2009 年）。

六、期　刊

1. 楊祖漢：〈孟子與告子義內義外之辯論〉，《華岡文科學報》第十六期，文化大學主編。

2. 蔡仁厚：〈禮與法的層位及其效用〉，《中國文化月刊》第五九期，東海大學主編。

3. 鄭力爲：〈孟子告子篇仁義內在的辨析〉（上），《鵝湖月刊》第四〇期。

4. 鄭力爲：〈孟子告子篇仁義內在的辨析〉（中），《鵝湖月刊》第四一期。

5. 鄭力爲：〈孟子告子篇仁義內在的辨析〉（下），《鵝湖月刊》第四三期。

6. 周群振：〈由孟子三章看其思想理念之間架與進程〉，《鵝湖月刊》第一〇〇期。

7. 周群振：〈孟子人格精神之型範〉，《鵝湖月刊》第一〇三期。

8. 魏元珪：〈荀子哲學思想研究〉（一），《中國文化月刊》第三八期，東海大學主編。

9. 魏元珪：〈荀子哲學思想研究〉（二），《中國文化月刊》第三九期，東海大學主編。

10. 魏元珪：〈荀子哲學思想研究〉（三），《中國文化月刊》第四〇期，東海大學主編。

11. 何淑靜：〈論荀子是否以心爲性之問題〉（上），《中國文化月刊》第四一期，東海大學主編。

12. 何淑靜：〈論荀子是否以心爲性之問題〉（下），《中國文化月刊》第四二期，東海大學主編。

13. 鄭力爲：〈荀子解蔽篇疏析〉（上），《鵝湖月刊》第五四期。

14. 鄭力爲：〈荀子解蔽篇疏析〉（下），《鵝湖月刊》第五五期。

15. 鄭力爲：〈荀子天人關係之論旨析述〉，《鵝湖月刊》第六四期。

附錄一 論孟子、王陽明與牟宗三之 『良知』

摘　要

　　在道德價值與理想意義漸漸自生命隱退之際，回歸中國哲學之核心精神，談人生、論理想、講道德，無非是欲凸顯人之所以爲人最尊貴與最具價值之處——『良知』。本文欲自探討『良知』意涵頗爲著力的三位宗師——孟子、王陽明與當代之牟宗三，一窺他們解構人性之實與建構價值之善的企圖與努力。

　　孟子道性善，言必稱堯舜，其論生而固有覺知的本心爲『良知』，論證求則得之、捨則失之之本心良知的特點，是爲本心良知展現歷程之實質。而陽明善於闡述致『良知』之理論背景及其涵義，彰顯與孟子之論『良知』的不同。牟宗三自『良知坎陷』義的理論背景與義理間架，解析良知坎陷與發展科學之間的關係，亦開啓『良知』的另類理解與思維，值得當今遊走於「內心」自省與「外物」牽引之忙、盲、茫人，一個自我釐清、自我檢視與重新自位的思考契機。

　　關鍵字：良知、本心、良知坎陷

一、前　言

中國哲學的特質在於「本體的體悟」，而本體的體悟首在於『良知』的揭櫫。

所謂『良』，乃先天本有之善；〔註 1〕『知』則是本心之謂。在儒家，文化通貫的根本，就在於道德心性──良知的傳承。最早提出『良知』之說的是孟子；陽明亦以致良知為之教；至新儒家學者牟宗三先生，則以良知坎陷為號召，而欲發展出科學。此一良知說的脈絡鮮明，因此，王陽明將良知譬謂：「實千古聖賢相傳一點滴骨血」。〔註 2〕

二、孟子之『良知』論

孟子繼承孔子儒學，孔子點明仁心自覺，孟子證成人性本善。孟子由仁心說仁性，心性是一，是良知良能，天生本具；此論『良知』之觀點，見於盡心篇之闡述。本文即就何謂良知？良知的特點？分述如下：

（一）何謂『良知』──生而固有覺知的本心

> 人之所不學而能者，其良能也；所不慮而知者，其良知也。孩提之
> 童，無不知愛其親者；及其長也，無不知敬其兄也。親親，仁也；
> 敬長，義也。無他，達之天下也。（盡心上）

此之謂『良知』良能是不慮而知，不學而能的，而不慮不學，並不是通過後天經驗思辨學習得來之知；知孝知弟之知是人生而固有的，所謂『良知』。這是本心之覺，在見父見兄時，自自然然要去孝去弟的；所以說，能孝能弟的本質意義，是本心良知所覺現創造出來的。其次，孟子所說的『良知』只是個覺，只是一種與萬物為一體之仁，並不是外在知識的對象；〔註 3〕蓋因講知識，就落入經驗，若說孝弟等道德行為是由經驗知識所提供，那麼，人即使經過了曲折思辨然後可以穫致，則人所獲關於道德的知識應是各別不同，且須時時修正（因經驗界不能提供我們普遍永恆的知識）。雖然，因知識的不同，人所下的道德判斷是會改變的（如以前認為某事為善，今則認為未必是善），但在下判斷時所依

〔註 1〕 朱子註：「良者，本然之善也。」
〔註 2〕 語出《王陽明全書》，頁 125。
〔註 3〕 良知不是一外在的對象（或一原則、一道理），若是由知一外在的對象以決定自己的行為方向，這就變成他律道德，亦即孟子所斥的義外（公孫醜上：「我故曰：告子未嘗知義，以其外之也」）。

據的本心良知，則是一樣的。〔註4〕又若人的知孝知弟之知是經驗之知，則人如果沒有受過教育，或生於蠻荒之地，或生長的環境不良，只受到壞的習染，便一定不會有善心，不會有道德實踐，這顯然是不對的；陸象山曾言：「若某則雖不識一字，亦須還我堂堂地做個人。」當然，讀書可以啓發人，使人的道德本心易於呈現，但那只是助緣，最重要的還是要自己覺悟，本心的呈現。因此，我們不能以知識來講道德，以爲道德之理是要從經驗事實中尋找；但若沒有本心良知的存在，即便是具足了一切知識，亦不一定會有德性的實踐。再者，孟子認爲良知之知是一種直覺之知，是不待思辨而直接明覺的，仁義禮智都是良知本身之直覺呈現。良知即是本心，就其見父知孝、見兄知弟之明覺言，便曰良知。良知所知是仁義禮智之理，而理即是心，故良知只是知其自己，逆覺其自己。且良知一旦呈現，一定會引發道德行爲，因良知本身便有沛然莫之能禦的要求實現之力量，此力量就是良能。良知良能，本是一事，就其明覺言良知，就其不容已的實現說良能。〔註5〕故人不能說他沒有實踐道德的能力，人的不實踐道德，乃是「非不能也，是不爲也」

此外，孟子所謂的『良知』，亦是知是知非之知；客觀面言：良知是天理之自然明覺呈現；主觀來說，良知決定生命活動的方向（法則性）。良知本身既是明覺，故是知，而又有其不容已之活動，能帶動出道德行爲，故亦是行。

（二）本心良知的特點──求則得之、舍則失之

求則得之，舍則失之，是求有益於得也，求在我者也。求之有道，

得之有命，是求無益於得也，求在外者也。（盡心上）

求則得之、舍則失之，這是人自己可以決定的；爲什麼呢？因人一旦想去求仁義禮智，作道德實踐時，他的本心便會呈現。孟子認爲：其實人去求仁義禮智時，那去求的，便已是本心自己，而仁義禮智亦在其中。告子上言：「學問之道無他，求其放心而已矣。」求放心，亦即是本心之自求，因當人真正要求行仁時，便已是仁心的呈現了，因此可說是本心之自求其自己。本心之自求，亦即逆覺其自己。其次，孟子指出外在的榮華富貴，並不是我所固有

〔註4〕說道德，必須肯定其先驗的普遍性，永恆不變性；否則，你可有你的道德，我可有我的道德，古代，現代，東方，西方，皆可有其不同的道德，則那會有道德的存在呢？

〔註5〕良知呈現後究竟引發什麼樣的行爲，則須依人的實際狀況、能力而定，但其爲良知良能之道德行爲則一也。

的，去追求外在的榮華富貴雖亦有正當的方法，但得之卻有命（外在的環境、自己的際遇，並不是自己可以主宰控制的），即不是一定可以得到的；但是，向內求我本具的仁義禮智，則是必然可得的。以是之故，人當求富貴，若求之不得，亦無損於人的人格價值，而人若不求仁義，則便是禽獸；此中的差別是很大的。

（三）本心良知的展現歷程

> 盡其心者，知其性也；知其性，則知天矣。存其心，養其性，所以事天也。夭壽不貳，修身以俟之，所以立命也。（盡心上）

孟子此章將儒家內聖之學的綱維用三種角度分解地展現出來：

1、盡心知性知天

孟子言：你若能盡你的心，便可知人之所以為人的本性是什麼；你能知人的本性是什麼，你便可知萬物的本源——天道——的意義是什麼。孟子所說的盡心是盡本心；總說是本心，而散開說是四端之心——惻隱之心，仁之端也；羞惡之心，義之端也；辭讓之心，禮之端也；是非之心，知之端也。盡心，即是對四端之心擴而充之，希望能做到仁極仁，（則無不愛）義極義，（則無不正）禮極禮（則無不敬），智極智（則無不明）。惻隱羞惡是心的活動，而仁義禮智是道德之理；如此，則四端之心的活動即是客觀之理自身的呈現。〔註6〕孟子所言仁義禮智的道德之性，不是生理本能之性，是人所獨有而異於禽獸的價值之所在；因此，在盡心的活動之下可有四方面的涵義：

(1) 四端之心一旦發露而又能充盡之，便能自覺當下四端之活動方是人所應有之活動，此亦是人真正之本性。

(2) 在人的盡心活動中，人會自覺其實踐的活動是沒有止境的；因一旦擴充本心，而希望做到仁極仁義極義的地步時，便一定要體物不遺，至位天地育萬物然後已，這樣本心實踐的活動便要涉及一切的存在，而本心之活動便有其絕對普遍義，如此，人便可在盡心的實踐活動中，證之天之所以為天的意義是什麼了——人的道德實踐的活動即是宇宙生化的活動。

〔註6〕人在盡此四端之心的活動中，便可證之人自己是能實踐仁義禮智者，此仁義禮智等道德之理是本心所自發的，而此實踐仁義禮智的活動即是人的本性之活動，故人一旦盡心，他便可以知其本性；他知道他是以仁義禮智為其本性的。

（3）實踐此知性知天，即是本心之知其自己，在此心性天的內容實質是一樣而沒有距離的；性與天道即在本心之呈現中呈現，人在盡心中自覺此心之活動即是客觀的性理之活動，亦是絕對的天道的活動，實只是一心的朗現與遍照。

（4）此心之盡，是人自己自發去盡的，在人盡此心時，道德之理才能呈現，天道才會呈顯；此反映出人知實踐道德，是自發自由，而亦是自律的。易言之，天道是當人去實踐道德時才彰顯出來，天道不會強迫命令人去彰顯它，此所謂「人能弘道，非道弘人」，如此便將人之所以爲人之價值全部彰顯出來的了。

2、存心養性事天

以上所言，若能盡心，則人便可當下參贊天地之化育，上下與天地同流，其他一切的修養工夫，亦可不需。但是，現實上的人，是一感性欲望的有限存在；爲免此心受物欲所牽引，就須透過後天之節制（消極）與警覺（積極）工夫，來操存保任此心；而當人在覺察到本心放失時，已是本心的呈現了，即就此呈現之機擴而充之，便是存心了。其次，養性即涵養本有之善性。養性之道，是不做違背本心的事，時時去集義，日久便能心地光明正大，而有浩然之氣，能夠如此，本心便可返回來潤澤其性（此即是養）。而且，養性的工夫，亦只能在心上做，在心上做工夫，便可在性上得收穫。再者，人自覺其自己有私欲的存在，有不能順本心應天理以行的危險，於是，便戒愼恐懼，希望能存其心而不失喪，養其性而不加戕害。此時，心與性天是有距離的，顯天人相對之相，覺天道嚴嚴在上，自己要想小心翼翼奉循之。對於感性存有的人而言，此保持謙退，突顯性天之尊嚴以省察其心的工夫，是必須的，且此工夫是聖賢莫不同者（只是聖人渣滓少，才覺便化，常人障蔽多，須加意克制）；故存心養性事天可說是使盡心知性知天能夠可能的工夫，有了前者的工夫，後者方能真實呈現。

3、夭壽不貳修身以俟以立命

盡心知性與存心養性，是純然反求諸己的事，自然無求於外。但一個現實存在的人，他必有許多被氣化流行所決定的先天限制（如賢愚不肖清濁昏明等氣稟），以及偶然而無定準的種種境遇（如生死、吉凶、貧富、得失等情況）；故雖然人在作擴充存養其心性的工夫時，可自作主宰而無待於外，但對於此種種氣化流行的情狀及夭壽得失等境況，人是不能自作主宰而有待

於外的，於此，人便會感到有種種限制，即使竭盡努力亦感到無可奈何，這便是所謂命了。〔註7〕人每以爲自己的力量很了不起，但當在盡一切力量而仍感無能爲力之時，便可證自己的一切努力都不算什麼。此中限制人的雖是氣化的流行，而不是天道的本身，然此氣化之流行亦是天道所主宰的，故當人面對種種氣化流行所產生的對人的制限時，便可視之爲天道對我之命令，且此等命令是我必須絕對遵守而不能違反的。這個時候，人便可將一切人爲之自私造作的意念全部洗滌淨盡，當下與超越的天道相交感，亦便會自覺一己之遭遇，不論窮也好，達也好，夭也好，壽也好，皆是天之所命，而不會因此不可知之命遇的或順或逆而對天道有二心（即有所懷疑）。此外，命限只能限制人之客觀事功的成敗及一己的私欲，而不能限制人之主觀成德的實踐，倘若能夠正視命限奮勇做去，那怕命運愈是惡劣，便愈見人的德性精神之可貴與實踐道德的意志之純粹，更可證人之修身踐德之活動當下便有絕對之價值。這樣，人之修身踐德之活動，一方面有無限之悲壯，另一方面又有無限之樂觀（人仍盼望有順遂的命運與大行其道的日子來臨），這便是立命。

命當然是限制，但言立命，便顯人的積極的主動的精神，人在修身踐德中，眞見到命之限，卻並不以其限自限，而是澈底淨化其心靈，且更努力修德。依此可見，孟子並不重命遇對人之限制，而重在此命遇之限中如何樹立人的主體精神，即如何修己成德。易言之，孟子所強調的是積極的修身的一面，而不重消極的安命的一面。

三、王陽明之『良知』論

良知本孟子原有之詞語，然陽明之悟良知，不是直接由讀孟子而自得之，而是經過「順朱子之講大學而覺其有刺謬」這一曲折，于生死艱危之中而徹悟之。『良知』在孟子只是一本心之明，與惻隱、羞惡、恭敬、是非之心之爲本心同，並未關聯著心、意、物而言良知。就此而言，致良知而正心誠意以正物，對講大學言，是一新說，就實踐工夫言，是一新發展，有大貢獻。〔註8〕

〔註7〕 此命之限必待人盡一切努力然後可見，因人若能多努力一分，他的氣質便會多改變一分，客觀的環境際遇亦會轉好一點，故在尚有可以改變環境的可能性存在時，是不能說命的；惟至盡了自己的全部努力，而仍感到有無可奈何的時候，方是眞正的命之所限。由此可見儒家言命之積極與嚴肅義。

〔註8〕 參閱牟宗三：《圓教與圓善》頁312、313。

（一）致「良知」的理論背景

陽明之「良知」，出於孟子；盡心上篇：「人之所不學而能者，其良能也；所不慮而知者，其良知也。孩提之童，莫不知愛其親也。及其長也，無不知敬其兄也。親親仁也，敬長義也。無他，達至天下也。」而陽明是謂：「良知者，孟子所謂是非之心，人皆有之者也。是非之心，不待慮而知，不待學而能，是故謂之良知。」〔註9〕只是，陽明不只談良知，其引《孟子》之言以解《大學》之致知，故言「致良知」。此「致」即孟子所說「擴充」、充分實現之義。

其實，陽明之致良知的過程，極其曲折。依據《年譜》所記：陽明幼年，即異常聰明，而且豪邁不羈；七歲起即蓄意學道，中經「五溺三變」之過程：〔註10〕

「初溺於任俠之習」；即指十一歲時，於北京街中與群兒戲排戰事。

「再溺於騎射之習」；早學騎射，其善射曾於擒宸濠時當眾顯出。

「三溺於辭章之習」；自幼好詩文，其謫居龍場所撰之「旅文」，尤爲傑作。

「四溺於神仙之習」；其體弱多病，有意求仙，又多方投師問道。

「五溺於佛氏之習」；早年好遊佛寺，又常於佛寺講學。〔註11〕

然而，陽明歸正聖學是在與湛甘泉（若水；1466～1560 年）初遇之時（1506年）。此間其學思曾歷經三個階段的改變：〔註12〕

第一階段

稟承其父王華「於異道外術，一切奇詭之說，廓然皆無所入」〔註13〕的原則，從未懷疑過儒學的價值。陽明曾謁見（吳與弼〈康齋；1391～1491 年〉門人）婁諒（一齋），並深契他「聖人可學」之言；又勤勉實行程朱「格物窮

〔註9〕 語出王陽明：《王陽明全書》（一）〈大學問〉頁 122。

〔註10〕 《王陽明全書》（四）〈陽明先生墓誌銘〉頁 224，湛若水述其「五溺」之說。

〔註11〕 陽明一生遍遊佛寺不下近百所。在三十二歲時，竟有一次於某佛寺中留居八月之久。又在五十歲時，訪問佛寺十三次，每次約留居一、二週。依此可知其對佛理之喜好。

〔註12〕 錢德洪（《王陽明全書》〈刻文錄敍說〉）與黃宗羲（《明儒學案》四部備要本卷十）皆對陽明之「三變」提出解說。錢、黃二說並無大不同。依錢所言陽明「學之三變」：（1）少時馳騁於辭章（2）已而出入二氏（3）繼乃居夷處困，豁然有得於聖賢之旨；「教之三變」：（1）居貴州時，與學者知行合一之說（2）自除揚後，多教靜坐（3）江右以來，始言「致良知」三字。本文則以筆者之綜理體會而論述之。

〔註13〕 《王陽明全書》（四），陸深〈海日先生行狀〉頁 223。

理」之訓。

第二階段

曾從朱熹言：居敬持志，循序致精。但每每因而發病，終以爲聖賢有別，學之不得，乃有意入山養生。於陽明洞隱居之時，赫然發現道術不深，未能滿足於成聖之欲。故而復思用世，以儒家所教訓於世人。

第三階段

陽明與若水之交遊，確是其思想理路的重要轉折之所在。自從若水贈陽明以「青琅函」，兩人皆以「期我濂洛間」之共創聖學爲職志。〔註14〕

即便經此「五溺三變」的轉折過程，圍繞陽明思想最根本的問題，始終都是「如何成聖」？陽明早年，曾積極嘗試「格物窮理」（朱子與程頤的路數）〔註15〕以成聖之法，但於21歲格竹得病；此間雖亦曾與陳獻章（白沙；1428～1529年）門生許璋往來（或許對強調心學之白沙學有所聽聞），〔註16〕卻一直到38歲在龍場始悟「格物致知」之義；50歲時始揭致良知之教。〔註17〕而良知的揭櫫，陽明將之視爲「真聖門正法眼藏」。〔註18〕故而，依陽明言：

> 某於此「良知」之說，從百死千難中得來，不得已與人一口說盡，只
> 恐學者得之容易，把作一種光景玩弄，不落實用功負此之耳。〔註19〕

〔註14〕《王陽明全書》（二），〈八詠〉之七。

〔註15〕《二程全書》卷十八：「凡一物上有一理，須是窮致其理……今日格一件，明日又格一件。積習既多，然後脫然自有貫通處。」

〔註16〕姜允明先生指出：陽明12歲，白沙受憲宗禮聘，轟動朝野，鹹謂「聖人復出」；相信陽明對白沙會有印象。18歲，仕於朝廷師事白沙之薑麟，返京師輒稱白沙先生爲「活孟子」，陽明對此應有所聞。18歲，造訪白沙同門婁諒談論格物之學時，亦應有機會得知白沙學。就以上之推論可知：陽明之學實與白沙之「實學」（先立其大本，並從靜中養出端倪，自然心見理明）有承傳之關係。參閱姜允明：「三人行——論陳白沙、湛甘泉與王陽明的承傳關係」一文，《華岡文科學報》第22期，87年3月，頁1～22。

〔註17〕白沙雲：「其始在於立誠，其功在於明善，致虛以求靜之一，致實以防動之流，此謂學之指南。」（《白沙子全集》卷一）；陽明亦雲：「近時與朋友論學，惟說『立誠』二字，殺人須就咽喉處著刀。」（《王陽明全書》（二））。白沙言：善端日培養。陽明亦言：今日良知，見在如此，只隨今日所知，擴充到底，明日良知，又有開悟，便從明日所知，擴充到底。二人所論，多有相似之處；不但，陽明所致之「良知」，即白沙「致實」之意，在存天理去人欲方面二人的說法更是相仿。參閱「三人行——論陳白沙、湛甘泉與王陽明的承傳關係」一文，《華岡文科學報》第22期，87年3月，頁1～22。

〔註18〕語出《王陽明全書》（四）〈年譜〉頁125。

〔註19〕語出《王陽明全書》（四）〈年譜〉頁125。

　　吾「良知」二字，自龍場以後，便已不出此意，只是點出二字不出。
　　與學者言，費卻多少詞說，今幸見此意，一語之下，洞見全體，眞
　　是痛快。」〔註20〕

（二）「良知」的涵義

　　陽明的「良知」雖源自孟子，但其內容義涵則是陽明自己的界定。陽明言：

　　良知只是個是非之心。是非只是個好惡。只好惡就盡了是非，只是
　　非就盡了萬事萬變。是非兩字是個大規矩。巧處則存乎其人。〔註21〕

陽明又云：

　　良知只是一個天理自然明覺發見處，只是一個眞誠惻坦，便是他本
　　體。故致此良知之眞誠惻坦以事親便是孝，致此良知之眞誠惻坦以
　　從兄便是弟，致此良知之眞誠惻坦以事君便是忠。只是一個良知，
　　一個眞誠惻坦。〔註22〕

陽明此以眞誠惻坦說良知。從「惻坦」說是仁心；從「眞誠」說則恭敬之心亦
涵攝於其中。至此，孟子所說的四端之心一起皆收於良知，因而亦只是一個良
知之心。而眞誠惻坦之良知本體，能自然而自發地表現而爲各種不同的天理；
如在事親便表現爲孝等。此即爲「心即理」、「心外無理」、「良知之天理」之義。

　　「致知」雲者，非若後儒所謂充廣其知識之謂也。致吾心之良知焉
耳〔註23〕

　　若鄙人所謂致知格物者，致吾心之良知於事事物物也。吾心之良知，
　　即所謂天理也……是合心與理爲一也。〔註24〕

1.「良知」之本體義涵

（1）萬物一體

　　陽明是以孟子的進路來詮釋《大學》；他認爲「至善」（明德親民之極則）
自在內心，是「明德」的本體，也稱爲「良知」。而「明明德」（立其天地萬
物一體之體）與「親民」（達其天地萬物一體之用）也都是「致良知」的實踐
工夫。陽明曰：

〔註20〕語出《王陽明全書》（一）〈刻文錄敘說〉頁11。
〔註21〕語出《王陽明全書》（一）〈傳習錄〉。
〔註22〕語出《王陽明全書》（一）〈傳習錄〉。
〔註23〕語出《王陽明全書》（一）〈大學問〉頁122。
〔註24〕語出《王陽明全書》（一）〈傳習錄〉頁37。

> 至善者，明德親民之極則也……而即所謂「良知」者也……故「止
> 於至善，以親民，而明其明德，是之謂大人之學……然欲致其良知，
> 亦豈影響恍惚，而懸空無實之謂乎？」〔註25〕

其次，良知既與萬物一體，那麼，萬物是否各有其良知？陽明言：

> 人的良知，就是草木瓦石的良知。若草木瓦石無人的良知，不可以
> 爲草木瓦石矣。豈惟草木瓦石爲然，天地無人的良知，亦不可爲天
> 地矣。天地萬物，與人原是一體，其發竅之最精處，是人心一點靈
> 明。〔註26〕

依此可知，陽明以人爲天地之心，以人心的良知爲萬物的靈明。

此外，儒家的仁，發自內心油然而生的惻隱，是由親人開始，推而及人
及物，總有等差之別的。而陽明所說的愛之等差，亦來自《大學》的「物有
本末」之意。陽明曰：

> 親吾之父，以及人之父，以及天下人之父，而後吾之仁，實與吾之
> 父，人之父與天下人之父，而爲一體矣。……君臣也，夫婦也，朋
> 友也，以至於山川鬼神鳥獸草木也，莫不實有以親之，以達吾一體
> 之仁。〔註27〕

（2）良知本體即心之本體

陽明以「良知」說「心」，而說「心」或「良知」時，也指其「本體」。
陽明認爲心即良知，其寓於知覺之所在，也寓於思慮與意志之中。通過知覺
與實踐道德之親身體驗，人心可與天地萬物合一。陽明言：

> 目無體，以萬物之色爲體；耳無體，以萬物之聲爲體；鼻無體，以
> 萬物之臭爲體；口無體，以萬物之味爲體；心無體，以天地萬物感
> 應之是非爲體。〔註28〕

陽明以人心的動靜感應，解釋心外無物之意；顯見他並不否認所謂的客觀現
實世界。陽明言：

> 良知是造化的精靈。這些精靈，生天生地，成鬼成帝，皆從此出。
> 眞是與物無對。〔註29〕

〔註25〕語出《王陽明全書》（一）〈大學問〉頁120。
〔註26〕語出《王陽明全書》（一）〈傳習錄〉下，頁89～90。
〔註27〕語出《王陽明全書》（一）〈大學問〉頁120。
〔註28〕語出《王陽明全書》（一）〈傳習錄〉下，頁90。
〔註29〕語出《王陽明全書》（一）〈傳習錄〉下，頁87。

依此，莫怪乎陽明認爲：「人若復得（良知），完完全全，無少虧欠；自不覺手舞足蹈，不知天地間更有何樂可代。」〔註30〕

　　其次，陽明也運用「虛」與「無」，來描述「良知本體」。陽明言：

良知之虛，便是天之太虛。良知之無，便是太極之無形。日月風雷，山川民物，凡有貌象形色，皆在太虛無形中發用流行，未嘗作得天的障礙。聖人只是順其良知之發用，天地萬物，俱在我良知的發用流行中；何嘗有一物超於良知之外，能作障礙？〔註31〕

2. 良知的工夫義蘊

　　陽明揭《六祖壇經》的「明鏡」之譬，將良知本體視爲明鏡，以「磨鏡」爲喻，來說「致良知」。陽明曰：

聖人致知之功，至誠無息。其良知之體，皦如明鏡，略無纖翳。妍媸之來，隨物見形；而明鏡曾無留染，所謂情順萬事而無情也。無所住，而生其心。佛氏曾有是言，未爲非也。明鏡之應物，妍者妍，媸者媸，一照而皆真，即是生其心處。妍者妍，媸者媸，一過而不留，即是無所住處。〔註32〕

此謂「磨鏡」可比「致良知」的工夫，能使妄心恢復爲良知本體。而陽明亦以「私念」爲「著相」，因此，他主張「無著相」或「無所住」，也就是去私念。陽明認爲去私念，即是「致良知」。

　　其次，陽明亦明作「靜坐」的工夫，還是爲回歸良知的本來面目，故不立亦不禁。陽明言：

師門未嘗禁學者靜坐，亦未嘗立靜坐法以入人……只教致良知。良知即是真面目。〔註33〕

再者，陽明所說的良知學，是須透過內在生命之體驗的，而此體驗就是在日用倫常上時時下工夫。陽明言：

須要時時用致良知的工夫，方才活活潑潑地，方才與他川水一般。若須臾間斷，便與天地不相似。此是學問極致處。聖人也只如此。〔註34〕

〔註30〕語出《王陽明全書》（一）〈傳習錄〉下，頁87。
〔註31〕語出《王陽明全書》（一）〈傳習錄〉下，頁90。
〔註32〕語出《王陽明全書》（一）〈傳習錄〉下，頁55。
〔註33〕語出《王陽明全書》（四）〈年譜〉（二），頁177。
〔註34〕語出《王陽明全書》（一）〈傳習錄〉下，頁86。

依此可知，致良知的工夫是簡易而精細的，而其中就包涵有「心即理」的實現，與「格物致知」的道理。陽明言：

> 若鄙人所謂致知格物者，致吾心之良知於事事物物也。吾心之良知，即所謂天理也。致吾良知之天理於事事物物，則事事物物皆得其理矣。致吾心之良知者，致知也。事事物物皆得其理也，格物也。是合心與理而爲一者也。〔註35〕

此謂致良知的細節，實須人自己憑事上的磨鍊而得來。易言之，陽明以致良知的工夫，是從工夫體認本體。

（三）陽明思想中的孟子學——陽明與孟子論良知展現的不同

1．陽明對「盡心」之詮釋——「盡心」爲「盡性」

循孟子所謂：「盡心而後知性，知性而後知天」的思路，乃本乎孟子「擴充」本心之理念。然孟子所闡述之本心（良知）的展現歷程，陽明於傳習錄中有言：

> 盡心知性知天，是生之安行事；存心養性事天，是學知利行事；夭壽不貳，修身以俟，是困知勉行事。又云：性是心之體，天是性之原，盡心即是盡性。惟天下至誠，爲能盡其性，知天地之化育。存心者，心有未盡也。知天如知州知縣之知，是自己分上事，已與天爲一。事天如子之事父，臣之事君，須是恭敬奉承，然後能無失，尚與天爲二，此便是聖賢之別。至於夭壽不貳其心，乃是教學者一心爲善，不可以窮通夭壽之故，便把爲善的心變動了，只去修身以俟命，見得窮通壽夭有箇命在，我亦不必以動心。事天雖以天爲二，已自見得箇天在面前；俟命便是未曾見面，在此等候相似，此便是初學立心之始，有箇困勉的意在。

此段文意在傳習錄中約出現三次，內容皆大同小異。陽明以盡心知性知天是生知安行的聖人的事；存心養性事天，是學知利行的賢人的事；夭壽不貳，修身以俟，是困知勉行的學者的事。其實，盡心知性知天，是就體（理）上言；言若能擴充本心，便可知性知天；存心養性事天，是就現實存在的人所必須的修養工夫上言；而夭壽不貳修身以俟，是就人與現實的氣化流行之或順或逆的關係上言。孟子本是同一樣的道理，只是就三種不同的角度而立言，

〔註35〕語出《王陽明全書》（一）〈傳習錄〉下，頁37。

故言有不同；但這是不能劃分高下的。此三重工夫，無論聖凡皆不能外，即無論聖凡，皆能盡心知性知天，皆須謙退以突顯性天之尊嚴以存心養性，於面對氣化流行之或順或逆時，亦皆要修身立命。由此可知，孟子之盡心即是擴充本心，即是陽明所說之致良知，此皆人人當下可盡，當下可致的，若如陽明所雲盡心知性惟聖人然後能，則他的致良知之教亦是聖人方能，而不是易知易行人人可爲之教了。〔註36〕

　　陽明思想中的孟子學，有點特色。首先，陽明將孟子的「盡心」解釋爲「盡性」；此因他認爲「性是心之體」，無心外之理亦無心外之物。易言之，「心」與「理」是一而非二。至於，該如何把握此「亙古亙今，無終無始」之「心」呢？陽明認爲；須「向裡尋求」，就能對心體有所掌握。

> 若識得時，何莫而非道？人但各以其一隅之見，認定以爲道止如
> 此，所以不同。若解向裡尋求，見得自己心體，即無時無處不是
> 此道。亙古亙今，無終無始，更有甚同異？心即道，道即天，知
> 心則知道知天。

〔註36〕朱子對孟子此義亦有疏解，四書集註此章下注曰：「心者人之神明，所以具衆理而應萬事者也。性則心之所具之理。而天又理之所從以出者也。人有是心，莫非全體，然不窮理，則有所蔽而無以盡乎此心之量，故能極其心之全體而無不盡者，必其能窮乎理而無不知者也。既知其理，則其所從出，亦不外是矣。以大學之序言之，知性則格物之謂，盡心則知至之謂也。」又曰：「盡心知性而知天，所以造其理也；存心養性以事天，以履其事也……知天而不以夭壽貳其心，智之盡也；事天而能修身以俟死，仁之至也。」又朱子語類雲：「盡其心者，知其性也，則字不可不仔細看，能盡心者，只爲知其性，知性卻在先。」朱子之意是：能盡其心之大用而毫無遺漏者，乃由於能知性。知性在先，盡心在後（若知得性之道理，便是盡其心）。此知性之知是認知之知，若是則盡心之盡亦是認知地盡（即盡知人所具之性理；此說以知性爲盡心之先決條件）。而知性之工夫，在於窮格事理，積累之久，自然能豁然貫通，而致知。致知即心盡知其性理。此解顯然與孟子原義不合。朱子認爲人生在世，不免有氣欲之雜，故人之心便不能如天理般瑩然純粹，若人以天理人欲夾雜之心去行事，定會弄出許多差失，故先要格物窮理，待盡明性理之後，心之活動便會有所依循而不亂，雖萬物紛然雜呈，亦能順應。若是，則盡心是明理後如理而行之意，且心不即是理，此與孟子所說：「惻隱之心，仁之端也」即本心之發用即理之呈現之說不同。且致知格物之工夫，可以是無窮無盡者，若是則何日方能真正盡心乎？固然人心常會有私欲夾雜，然這是不能常保其本心之故，人之本心亦常可在當下之機感上呈現，而無絲毫人欲之雜（如孟子所舉之見孺子將入於井及寧死不食嗟來之食之例）。此本心可隨時呈現之義，卻是朱子所不能承認者。

諸君要實見此道，須從自己心上體認，不假外求始得。〔註37〕

其次，陽明將孟子之「心」、「性」、「天」三者視爲同質性的存在；而「知心」、「知性」、「知天」亦只是同一本質之修養工夫之不同階段的境界表現。因而，陽明所謂的「盡心」，並非盡心之量，亦非窮心之理或性之理；是盡心之善良的本質。陽明言：

> 蓋盡心知性知天者，不必說存心養性事天，不必說殀壽不貳，修身以俟，而存心養性，與修身以俟之功，已在其中矣。……固非有二事，但其工夫之難易，則相去懸絕矣。心也，性也，天也，一也。故及其知之成功則一。〔註38〕

2. 陽明對「集義」的詮釋——「集義」即「致良知」

陽明曰：

> 夫必有事焉，只是集義，集義只是致良知。……隨時就事上致其良知，便是格物。著實去致良知，便是誠意。著實致其良知，而無一毫意必固我，便是正心。著實致良知，則自無忘之病。無一毫意必固我，則自無助之病。故說格致誠正，則不必更說箇忘助。孟子說忘助，亦就告子得病處立方。告子強制其心，是助的病痛，故孟子專說助長之害。告子助長，亦是他以義爲外，不知就自心上集義，在必有事焉上用功，是以如此。若時時刻刻就自心上集義，則良知之體，洞然明白，自然是是非非，纖毫莫遁，又焉有「不得於言，勿求於心；不得於心，勿求於氣」之弊乎？〔註39〕

陽明此謂集義只是致良知，是以恢復人與生俱來之道德判斷力，來解孟子「集義」之義。如此所理解之「集義」，成爲向內反省、復其心之本體的活動，也就是「盡性」的工夫。其次，陽明亦指出；孟子是以「事」（「集義」、「致良知」）爲本，以「勿忘」、「勿助」之工夫爲末。〔註40〕

陽明以「心即理」之理論背景出發，將孟子的「盡心」理解爲「知性」（復其心之本體）；以孟子的「集義」知解爲「致良知」；視孟子的「必有事焉」而爲「集義的工夫」。依陽明的詮釋，孟子思想體系中之諸多觀念，陽明皆賦

〔註37〕此二語見陳榮捷：《王陽明傳習錄詳註集評》，頁96。
〔註38〕語出《王陽明傳習錄詳註集評》，頁273。
〔註39〕語出《王陽明傳習錄詳註集評》，頁268。
〔註40〕參閱黃俊傑：《孟學思想史論》，頁263～266。

予其一個意義底下，互爲創造互相發明的詮釋系統。〔註41〕

四、牟宗三先生之『良知』論──「良知坎陷」說

就作爲一位當代新儒家中「最富原創性與影響力」〔註42〕之國際學者〔註43〕
而言，其宏大深遠的哲學思維與熱愛文化的使命關懷，對於中國哲學乃至世界
其他學說，可說具有相當的影響力。誠如顏炳罡先生言：「無論其思想發展至何
種階段他就在何種層次立下一塊永恆的界碑」。〔註44〕而牟先生所立之最富饒深
義之「界碑」，即是「良知坎陷」說。

（一）良知坎陷說的理論背景

牟先生之所以提出「良知坎陷」以發展科學的觀點，其思想背景是源於
其學思進路。牟先生自研究西方邏輯思辯、歷史哲學出發，至哲思架構之完
成；其方法可說是西方哲學式的，而其理境與內涵則是中國哲學式的。牟先
生言：中國哲學是「生命的學問」，二千多年來，中國儒釋道三教所代表的
文化慧命不斷。爲了打破德哲斯賓格勒所謂之文化斷滅論的觀點（中國文化
生命的黃金時期只在春秋戰國階段，自秦、漢以後，中國文化生命即已停滯
了，並無精彩可言），〔註45〕牟先生指出：中國文化的發展，實際上是精彩
層出的；孟子首先提出人人皆有四端之心，皆有良知良能，爲成聖成賢舉出
了先天的超越根據，使得中國學問於尊德性方面的展現，是西方重智思考理
論所望塵莫及的；而天台宗智者大師「安禪而化，位居五品」，其於消化佛
教思想所表現之圓融無礙的玄思玄理，即如古代西哲柏拉圖、亞里斯多德、
中古聖奧古斯丁、聖多瑪斯及近世康德、黑格爾之流，都未必能有智者大師
如此之地位與造詣的。〔註46〕只是，西方於文藝復興、工業革命興起之後，
開出技術科學，十七世紀後的西方，於各個層面都是突飛猛進、日新月異；

〔註41〕 參閱黃俊傑：《孟學思想史論》，頁273。
〔註42〕 語出劉述先先生於1995年出版之英文版《劍橋哲學辭典》中所撰寫之當代中國
　　　　哲學的總條目的用語；參閱劉述先〈牟宗三先生在當代中國哲學的貢獻〉一文；
　　　　收入蔡仁厚主編《牟宗三先生紀念集》東方人文學術研究基金會（台北：1996）。
〔註43〕 1983年，在加拿大召開的國際性中國哲學會議；與會的美國學者JohnBerthrong
　　　　稱牟宗三是世界水準的大哲學家，而不僅僅是中國的哲學家而已。參閱蔡仁
　　　　厚：《牟宗三先生學思年譜》，頁56。
〔註44〕 顏炳罡：《牟宗三學術思想評傳》，頁4。
〔註45〕 參閱牟宗三：《中國哲學的特質》，頁87。
〔註46〕 參閱《中國哲學的特質》，頁87～95。

反觀中國此時，卻昏昏沉沉，民族生命歪曲了，文化生命迷失了。所以，牟先生孜孜切切地指出：「中國的文化生命民族生命的正當出路是在活轉『生命的學問』以趨近代化的國家之建立」；〔註47〕而科學與民主（尤其是民主），是近代化的國家之所以爲近代化者。在過去，中國走的是重視生命意義的思路一途，雖然，中國心靈向來並不積極對知識層面的追求，但是，中國人絕非沒有科學上的智慧，只是以往沒有向科學的路向走。因此，在中國哲學如何轉出的這一個環節上，牟先生提出了「良知坎陷」說。〔註48〕

（二）良知坎陷說的義理間架

由牟先生於五○年代所出版之《歷史哲學》、《道德的理想主義》、《政道與治道》，及七○年代所出版之《中國文化的省察》（1983）、《從索忍尼辛批評美國說起》（1979），可知他較爲集中討論的問題，始終是圍繞在文化問題上而立言。在牟先生認爲：中國文化生命的特色是理性運用的表現，但是，卻缺少理性架構之表現。順理性運用之表現，可以成就聖人人格、德化治道、智的直覺形態，但決不會產生客觀化的政道（民主）及智的知性形態（科學），而後兩者是理性架構表現的成果。科學與民主是道德理性的內在要求，爲道德理性的精神所涵攝，但就科學與民主之理性表現形式言，是與道德理性的表現形式相違反。因此，由道德理性向民主科學的過渡，需要一種逆，一種「轉折上的突變」。也就是道德理性需要自覺地自己否定自己，轉而爲逆其自性之反對物；如此之自我否定，實爲道德理性之自我坎陷〔註49〕（「良知坎陷」）。易言之，牟先生是由良知、本心、仁體、知體明覺，而開出科學知識，其開出之關鍵則是自我坎陷。他說：

> 知體明覺不能永停在明覺之感應中，它必須自覺地自我否定（亦曰自我坎陷），轉而爲「知性」；此知性與物相對，始能使物成爲「對象」，從而究知其曲折之相。它必須經由這一步自我坎陷，它始能充分實現其自己，此即所謂辯證的開顯。〔註50〕

〔註47〕語出《中國哲學的特質》，頁94。
〔註48〕顏炳罡先生謂：「牟宗三對中國文化癥結的解決經過了由『融攝』說到『曲通』說再到『自我坎陷』說是牟先生對文化問題長期探索的結果。」參閱〈牟宗三先生的自我坎陷說與當代文癥結〉一文；收入《當代新儒學論文集·外王篇》，頁200。
〔註49〕參閱牟宗三：《政道與治道》，頁57。
〔註50〕參閱牟宗三：《現象與物自身》，頁122。

知體明覺經此一坎陷，即由道德主體轉而爲知性主體：由無我相之眞我，轉而爲有我相之我；即由道德的我，轉而爲邏輯的我、形式的我、架構的我。而明覺感應中之物即被推出去而成爲一對象，即有物相之現象。經此一坎陷，頓時凸起主客、能所對列之局，亦即認識論的自我對偶性。牟先生亦認爲，道德實體只有經過這一步辯證開顯，道德理性才能充分實現其自己。

（三）良知坎陷與發展科學間的關係

依牟先生的思想脈絡，其早期主要從事邏輯學和知識論的研究，自四○年代後期，才開始全力轉向對歷史文化的闡揚；他曾指出：儒學要轉進第三期，如欲以新姿態表現於歷史，「端賴西方文化之特質之足以補吾人之短者之吸納與融攝」。〔註51〕依此，牟先生是從中西文化交流的角度來看待民主與科學。五○年代初期，他又說道：「中國的文化生命之向上透，其境界雖高，而自人間之實現『道德理性』上說，卻是不足的。……這就表示中國以前儒者所講的（直接形態的）『外王』是不夠的。……積極的外王，外王之充分的實現，客觀地實現，必須經過一個曲折，……此爲外王之間接形態」；〔註52〕此由內聖、道德理性之曲折而來的民主與科學，已不再是異己文化的融攝，而是自身生命之生成和演進不可或缺的環節。至五○年代中期，牟先生認爲，自內聖、道德理性之運用表現中，直接推不出民主與科學；換言之，從內聖到外王，只有在曲通（曲折）下，才能盡外王之極致。牟先生以此曲通（曲折）爲轉折上的突變（逆），並自轉折上的突變說明民主與科學具有與道德理性既相關又獨特的性格。而此轉折上的突變即是道德理性之自我否定，亦就是道德理性之自我坎陷。經過這步的自我坎陷，道德理性就由動態轉爲靜態的理論理性，從物我合一之無對轉爲主客對列之有對，從踐履上的直貫轉爲理解上的橫列。此由自我否定而成的理解理性，科學於此具有獨立的意義。

牟先生認爲：從表層上看，道德理性與民主科學是對立物，但自內在貫通處看，它們是統一的、互補的。科學與民主是道德理性最大的願望和要求，科學與民主的實現即是道德理性的實現。但由牟先生之良知之自我坎陷，至開出科學的發展，其間似亦看不出有什麼必然的理論關連；充其量，良知坎陷只是成就科學發展的契機與可能性罷了。

〔註51〕 參閱牟宗三：《道德的理想主義》，頁3。
〔註52〕 參閱《政道與治道》，頁57～60。

五、結　論

　　透過解析孟子、陽明與牟宗三先生之良知論，可知他們所謂的『良知』，都指向先驗本體的概念。孟子之所以揭示良知，乃為佐證其性善之理論；陽明之言良知，亦為其思想義理之超越根據；牟先生之以良知坎陷為說，則為科學知識提供一可能的發展空間。三者對於良知本體，同樣都賦予很重要的哲學詮釋與理論價值，亦為後代對『良知』的認知與認同，留下深刻的思維與自省。

　　值得注意的是，孟子所謂的『良知』是不慮而知，不學而能的，也就是人生而固有的；如此理解的『良知』只是個覺，是一種與萬物為一體之仁，而不是外在知識的對象；這樣的直覺之知，即是本心，如同見父知孝、見兄知悌之明覺之知，是以，良知所知是仁義禮智之理，而理即是心，因此，『良知』其實只是知其自己，逆覺其自己。依孟子所提供我們思維的面向──『良知』本身既是明覺，故是知，而又有其不容已之活動，能帶動出道德行為，故亦是行──其實就是「自律」道德、真正自作人生主宰之清晰明確的正面指引，只是，人性並不必然依此直道而行。是以，牟宗三道出了當中的轉折，因著人無法把握並實踐「求則得之、舍則失之」的（本心）良知特點，自然失其「盡心知性知天」、「存心養性事天」與「夭壽不貳修身以俟以立命」的展現歷程，又無法存全「明明德」（立其天地萬物一體之體）與「親民」（達其天地萬物一體之用）之「致良知」的實踐工夫，以致遠離「萬物一體」之實，任由「私念」為「著相」，失落日用倫常之內在生命體驗，反求於外，這就是「良知（的）坎陷」。至於此，人性之「真」、人性之「善」與人性之「美」，即漸漸斬喪乃至蕩然無存。

　　省思牟宗三「良知坎陷」之說，自西方邏輯的思辯模式出發，其發展科學的學思背景，背後乃根源其會通中西哲學的思維進路。此一「知體明覺不能永停在明覺之感應中，它必須自覺地自我否定（亦曰自我坎陷），轉而為『知性』」，必須通過這一步自我坎陷，始能充分實現其自己的思維，就是由道德主體轉而為知性主體之意，也就是道德實體只有經過這一辯證開顯的步驟，道德理性才能充分實現其自己。這是牟宗三所提出重新定位與詮釋，道德認知與道德實踐堅之罅隙的理論根據，也是謂中國生命哲學尋找與自然科學接軌之可能契機。

參考書目與期刊

1. 孟子：《孟子》。

2. 王陽明：《王陽明全書》。

3. 黃俊傑：《孟學思想史論》（台北：東大書局，1983 年）。

4. 陳榮捷：《王陽明傳習錄詳註集評》（台北：台灣學生書局，1983 年）。

5. 牟宗三：《中國哲學的特質》（台北：台灣學生書局，1987 年）。

6. 牟宗三：《政道與治道》（台北：台灣學生書局，1983 年）。

7. 牟宗三：《從陸象山到劉蕺山》（台北：台灣學生書局，1983 年）。

8. 牟宗三：《現象與物自身》（台北：台灣學生書局，1975 年）。

9. 牟宗三：《道德的理想主義》（台北：台灣學生書局，1985 年）。

10. 秦家懿：《王陽明》（台北：東大書局，2002 年）。

11. 鄭家棟：《牟宗三》（台北：東大書局，2000 年）。

12. 蔡仁厚：《牟宗三先生學思年譜》（台北：台灣學生書局，1996 年）。

13. 顏炳罡：〈牟宗三先生的自我坎陷說與當代文化癥結〉，《當代新儒學論文集・外王篇》（台北：2002 年）。

14. 顏炳罡：《整合與重鑄——當代大儒牟宗三先生思想研究》（台北：台灣學生書局，1995 年）。

15. 顏炳罡：《牟宗三學術思想評傳》（北京：北京圖書館，1998 年）。

16. 李明輝：《牟宗三先生與中國哲學之重建》（台北：台灣學生書局，1996 年）。

17. 王興國：〈論牟宗三思想進路對中國哲學現代化的貢獻與意義〉，《鵝湖月刊》，第 321 期（台北：2002 年 3 月）。

18. 姜允明：〈三人行——論陳白沙、湛甘泉與王陽明的承傳關係〉，《華岡文科學報》，第 22 期（台北：1998 年 3 月）。

附錄二　自荀子之歧出論朱子的繼別爲宗

摘　要

　　在儒家，孔子體現人心之仁，孟子証立人性之善，最是能夠一展儒者主體精神之薈萃。然而，繼之而起的荀子卻因著「一任順性而無節，便會流於惡」的人性之實，對於孔孟所開出心性是一、從心說性的學問路子，並無相應之瞭解與適切之回應。雖於心性學的領域，荀學未臻理想，但是，荀子之所以爲荀子，乃因其特重禮法所開顯出的客觀精神，及將儒家強調教育（內聖）、著重實踐（外王）的爲學性格得以充分發揮之所致。由此看來，荀學確也能夠走出屬於外王精神之「別」有所宗，以及更能承「同」儒教之力主積極有爲的入世教育論，而爲儒家思想的代表。因而，荀子的成德理論對後世教育的貢獻是值得讚許的。也許是因爲我們太過熟悉於孔孟之既內在又超越的逆覺體証，又或許是我們早已習慣於本心善性即己內具仁義禮智之理的立論思考；於是，我們漠視了別有所宗的荀子在承同儒教所作的努力之外，所更加著力的用心；更輕忽了我們於確切瞭解儒家思想後，對於每位儒者所應賦予的評價與肯定。

　　因此，在先秦唯有透過荀學，我們方能一觀整體儒學的全貌；在宋明只有經由朱子，我們才能明瞭全幅儒教的大用。

　　關鍵字：荀子、歧出、朱子、繼別爲宗

前　言

　　放眼歷史，不論是政治所依從的體制、社會所遵循的標準，乃至於教育文化所植根於人心的範型，莫不是以儒家思想的主導為依歸。此一歸趨，也是所有中國人的人心之所向。由於儒家思想之強調人倫、著重人文，使得儒家的成德之教名副其實地成為中國未來的生機與出路，也更因為儒者身體力行於開發並貞定立人極以通天道的路向與理境，益使儒教所開創之人文精神的價值體系，毫無疑義地即為內在於人心之實踐動源與發揮極致人性的終極目標。

　　因而儒教之不可或缺及無法偏廢，由此可見一斑。朱子云：「道統之傳有自來矣。其見於經，則允執厥中者，堯之所以授舜也。人心惟危，道心惟微，惟精惟一，允執厥中者，舜之所以授禹也。……自是以來，聖聖相承，若成湯文武之為君，皋陶伊傅周召之為臣，既皆以此而接夫道統之傳。若吾夫子則雖不得其位，而所以繼往聖開來學，其功反有賢於堯舜者。然當是時，見而知之者，惟顏氏曾氏之傳得其宗。及曾子之再傳，而復得夫子之孫子思。……又再傳以得孟氏。……及其沒而遂失其傳焉。……故程夫子兄弟者出，得有所考，以夫千載不傳之緒。」〔註1〕這段話道出了由堯舜而二程，道統一貫，且朱子顯有繼統而承之意。〔註2〕除此之外，朱子亦已點明「夫子則雖不得其位……其功反有賢於堯舜者」，亦即清楚地指出師道之尊猶有甚於君道，落實於教育上的開拓尚更重要於現實政治上的建樹；著眼於此，更能凸顯朱子學之歸本於孔子且與先儒在精神上的一貫。〔註3〕

　　然而，在宋明理學一片振興先秦儒學的重重聲浪中，朱子「性即理、心是氣、理氣二元」的心性之學實無法相應於孔孟之統，卻只能承繼儒學之歧出的荀學而為「繼別為宗」〔註4〕的理論路數。

　　於是，欲對荀朱思想有番透徹的理解，就必須先通過二子有關心性方面的研究，方能給出其對儒學最深刻的反省，及落實客觀化儒學所以可能的理

〔註1〕語出《朱子文集》卷七十六，中庸章句序。
〔註2〕《朱子文集》卷七十六，大學章句序則曰：「河南程氏兩夫子出，而有以接乎孟氏之傳。……雖以熹不敏，亦幸私淑，而與有聞焉。」
〔註3〕孔子首揭「仁」為全德，此為儒家思想指點了一個確切的方向。曾子以忠恕釋之。朱子則解釋為盡己之謂忠、推己之謂恕；忠恕即仁之一體的兩面。
〔註4〕請參閱《心體與性體》冊三，頁394。當代哲學大師牟宗三先生，判朱子的儒學是「繼別為宗」。

論根據。以下即就荀子的心性論、朱子的心性說與理氣論，闡明荀朱心性思想的時代意義。

一、荀子的心性論

（一）以欲為性，性是惡的

荀子立論的最大特色是「性惡說」，此因荀子認爲「順性而無節」就會流於惡。

> 人之性惡，其善者僞也。（〈性惡篇〉）

此言善不在性中，必有待於而僞而後成；亦因荀子強調性惡善僞，所以才有化性起僞的主張。而依荀子的思路，「化性起僞」之內在主觀的根據是「心」，外在客觀的標準則是「禮義之道」（也就是僞）。

（二）以智識心，心為認知心

荀子以爲，心不是道但能知道（此知需後天經驗的學習）；心知道而後能治性。

> 心生而有知（〈解蔽篇〉）

> 人何以知道？曰：心。……心何以知？曰：虛壹而靜。（〈解蔽篇〉）

此言通過虛壹靜的修養工夫，心不僅能認知禮義而化性起僞，亦能實踐禮義成善去蔽。

（三）荀學之所以是儒學的歧出，透過與孟子的比較可有下四個原因：

1.「心性二分」之說

以性爲主（先天）之本然而心卻爲後天的認知作用；此有別於孟子所言的即心言性、心性是一。

2. 透顯「知性主體」

對應孟子之心即是性、心即是理的德性主體；荀子所理解的心只是「見理」的認知心，而不是「具理」的道德心。〔註5〕因而，能知之心，只可認知所知之理，卻無法依理而發動行爲；且此認知心的選擇判斷亦並非必然地正確無誤。再者，荀子別立知性主體以爲生命之大本，而生張以知識來成就道

〔註 5〕語出蔡仁厚：《儒家心性之學論要》，頁 67。

德，這就是荀子所特出的以知成德的學問理路。

3. 導出「橫攝型態」

荀子所言認知心之知物是主客對列的（亦即心在物外）；此與孟子之以超越的本心，做爲萬物存在的價值根源之直貫型態（心超越於物之上），大異其趣。〔註6〕

4. 成就「他律道德」

依荀子主智的傾向，乃是以知識的進路來講道德，以心所認知的理、道作爲道德的標準；因爲理在心外，故是他律。而在孟子，即以一念自覺便可自發命令、自作主宰之內在的道德心而爲內在的道德性，故是道德底自律。〔註7〕

此外，雖然荀學本源不透、主體精神開不出來，無法相應於自覺挺立、當下呈顯之內聖儒學，但是，他仍能轉而通向認知建構、客觀規制的外王事功之學，也就是導向於「道問學」的理論範疇。〔註8〕故荀子在儒學中的地位，那就是凸顯文化中知識的一面。

二、朱子的心性說與理氣論

（一）「性」即理，只存有而不活動

朱子從理說性，理無不善，所以性無不善。同時，性也只是理，是遍在於天地萬物的形上實有，而不是別的（性不是心也不是情）。而且，這個只是靜態未發之理的性，其本身卻未能活動發用，因此要通過格物窮理的功夫，使心知與物理關聯貫通，爾後方能使心氣活動順性而如理，以成就道德價值。〔註9〕

再者，根據「論萬物之一原，則理同而氣異。觀萬物之異體，則氣猶相近，而理絕不同也」〔註10〕之義，可知朱子所講的「性即理」之性，是屬「義理之性」，〔註11〕然此萬物一原的性理本身是內在於天地萬物而爲之本然之

〔註 6〕語出王邦雄：《人人身上一部經典》，頁63。
〔註 7〕語出楊祖漢：《儒家與康德的道德哲學》。
〔註 8〕請參閱王邦雄：《人人身上一部經典》，頁4。
〔註 9〕語出《朱子語類》：「性不是卓然一物可見者，只是窮理格物，性自在其中，不須求」。
〔註 10〕語出《朱子大全集》，卷四十六〈答黃商伯〉第四書。
〔註 11〕朱子以「義理之性」（有時用「本然之性」）來取代張載所說的「天地之性」；而後世學者亦沿用之。依朱學系統所謂「氣質之性」並不是外於本然之性的

性，因而，即使是枯槁之物亦有本然之性。但是，就具體的人與物而言，由於人物有別、稟氣不齊而有性理表現之偏全的差別。

（二）「心」是氣，心統性情

朱子以爲心是氣之靈，能知覺，有動靜；而其所以知覺、所以動靜的所以然之理，則是性。同時，心也只是實然的心，心畢竟不能即是性（理），所以心有善惡的分別。〔註 12〕故而，依朱子的思路，就在如何用活動靈覺的心去格物窮理，把靜態的理攝取於吾心之中，而由吾心所發動的情，也就可以如理而行。

再者，根據朱子「心者，人之神明，所以具衆理而應萬事者也」〔註 13〕、「虛靈不昧，以具衆理而應萬事」〔註 14〕之義，可知心是虛靈不昧的，且心雖不是理，卻能認知地具衆理，而以理爲根據去發動應萬事的情。再進一步，因心以虛心靜慮爲窮理之本，且心知之明本有認知事物之理的作用，〔註 15〕此心知之明的認知活動，必須層層推進、層層規定，一直達到能就事物之「是的、善的」而窮知其所以然，即可使性理顯現；〔註 16〕如此，依性理而發的行爲，便是道德實踐的活動，而這也眞能達到「衆物之表裏精粗無不到」，且「吾心之全體大用無不明」之境（大學補傳）。

其次，語類（卷五）中有言：「性是未動，情是已動，心包得動未動。蓋心之未動則爲性，已動則爲情，所謂心統性情也。」在這裏朱子指出，心性情雖三分，但無論靜時未發之性與動時已發之情，總是爲心所統攝。然而，心統性情仍有所簡別。心統性，應是認知地統攝性而含具之，所以朱子言必「涵養於未發」；而心統情，則是行動地統攝情而發用之，所以朱子言須「察識於已發」。由於情之發用必將涉及對象，因此，順「察識於已發」而推進一步，便是「致知格物以窮理」的工夫境界了。

另一種性，而是局限於氣質裏面而表現的性。
〔註 12〕語出《朱子語類》，卷五：「心是動底物事，自然有善惡」。
〔註 13〕語出《四書集注》，孟子盡心注。
〔註 14〕語出《四書集注》，大學經一章注。
〔註 15〕此事物之理包含存在之然之所以然理、存在之然自身之曲折之相、存在之然自身曲折中之是非善惡；此皆爲心知之明之所及。語出牟宗三：《心體與性體》，第三冊頁 372、373。
〔註 16〕參閱牟宗三：《心體與性體》，第三冊頁 372、373。事物之「是的、善的」方有性理之根，在此才可以說性理顯現；而「非的、惡的」之然只是一時之假象，其自身無有積極的存在，故必須揀別出來。

（三）朱子之謂繼別為宗，透過與孟荀之比較，其主要因素有下列四項

1. 「心性對列」之說

性自是性，是形上之理，理無不善，故性無不善；心自是心，是形下之氣，氣有清濁，故心有善惡。如此論心，自非孟子之本心義，而較趨向於荀子的看法；〔註17〕如此論性，也非荀子之性惡義，而較趨向於孟子的思路。〔註18〕由此可知，孟子之言心與朱子之言心，二家觀點實屬異質（孟子爲本心，朱子爲氣心）異層（孟子爲德性層，朱子爲知性層）。而此對儒學之道德主體的本心義，不能有所相應地理解，而將本心當作認知層面的氣心，此乃荀子之「歧出」與朱子之繼「別」爲宗，偏離儒學正統之原因所在。

2. 彰顯「以智識心」

朱子語類（卷九）中說：「一心具萬理。能存心，而後可以窮理。」此即言心知之明能夠「認知」理、涵攝理，而後理具於心（心攝具理）。這樣講的心具理，實只是後天的「當具」，而不是先天的「本具」。〔註19〕其實，在朱子，心與性是分屬異質異層（性無不善，心有善惡；性是理，心是氣）的；且因性理只存有而不活動，故而只能著力於認知心在攝具眾理後，方能令性理顯現。朱子以「心知之明」窮究「事物之理」的思考理路，與荀子同爲以心知理，以智識心，亦即以知成德的學問路數。

3. 開展「橫攝系統」

關於對性理的體會，在儒家是本體宇宙論地講「性即是理」；理是創生原理，能妙運氣化之生生，所以是「即存有即活動」的，此可謂是立體的縱貫系統。而依朱子靜涵靜攝〔註20〕地講「性只是理」；理只是本體論的靜態的實有，卻不能妙還生生以起創造作用，所以是「只存有而不活動」；而此理氣「不

〔註17〕孟子的本心，不可以氣論，也不可以認知論。荀子謂心作虛壹而靜的修養工夫以保持大清明方能「認知」禮義且依禮義而行；而朱子對於心，也講求涵養的工夫，養得「鏡明水止」，即可「心靜理明」。可見荀朱兩家言心，正相類同。

〔註18〕孟子從心說性，內在的道德心即內在的道德性；心是理，性也是理，心性是一。而朱子只論性是理，心卻是氣；心性對列。

〔註19〕《朱子語類》，卷五云：「性是實理，仁義禮智皆具」；因爲性即理，性之具理自是先天的「本具」。

〔註20〕「靜涵」是指心氣之靜態的涵養；「靜攝」是指心知之認知地攝取（攝理歸心）。

離不雜」，〔註21〕心性也「不離不雜」，實已脫離儒家系統及宋明儒學的正宗大流，而落於平面的橫攝系統。〔註22〕

4. 成就「他律道德」

凡是縱貫系統之言工夫，是走「逆覺體証」的路；只要本心反求諸己，善性必然呈顯，且道德心性能夠自主自律、自發命令、自定方向，故爲「自律道德」。然而，橫攝系統之言工夫，則走「順取」的路；朱子言心知之明順著格物的方式而認知理、攝取理，道德律則外在於心，故爲「他律道德」。在心性離不開物欲，理離不開氣的前提之下，荀朱二家都開出了對治他律道德的修養工夫論。

綜上可知，荀朱兩家言「心」，大端相同。兩家論「性」，則完全相反；荀子以氣言性，朱子則以理言性。故就心性而言，荀朱二家可謂「心同而性異」。再者，就心性關係而言；荀子「以心治性」，朱子「心統性情」；荀子以禮義爲道，朱子則以性理爲道。

因此，荀子所謂的禮義，實在客觀而不內在（禮義是客觀外在的行爲規範，但不一定能使人就範）；而朱子所謂的性理是在超越而不內在（性理是超越〔註23〕靜態的形上實有，爲心氣所當遵循的標準）；而且，荀子的禮義與朱子的性理，皆只是心氣活動所當遵循的標準，其本身並未含有活動的意義，也不能作爲道德實踐的動源。

由於兩家都開不出道德實踐的動源，這在內聖成德的本質工夫上是有所欠缺的。然而，觀荀子所說的性惡之「性」，實與朱子所說的「情」相當；而化性起偽以成就善，與察識情變之發而使之中節合理，也同屬道德實踐的助緣工夫，依此可知荀朱兩家都屬漸教的性格；而此性格上的表現，即是導致荀朱「別」「出」儒家及宋明儒的關鍵之所在。

三、荀朱心性思想的時代意義

自孔子以來的中國儒學，即是走以德性主體爲主綱之「內聖之學、成德之教」的學統，因而，知性主體未能獲得充分且獨立的發展；也就因爲如此，儒家並沒有開出知識面的學問傳統。然而，時至今日，中國文化在面對西風

〔註21〕「不離」是說二者關係之密切；「不雜」是指二者畢分屬形上形下之異層。
〔註22〕縱貫系統、橫攝系統，是牟宗三《心體與性體》一書中的用語。
〔註23〕依朱子，性理乃通於天道，並非人爲；且必透過涵養，方能心具眾理。

東漸、中西文化互為交流之際，確立知識性學問的價值，時屬當務之急。

（一）荀學透顯知性主體的時代意義

由於知識之學並不能直接從德性主體展開，故而，要在中國文化或儒學之中，使得知性主體透顯出來且獨立起用，以自本自根地開出知識之學，則荀學的思路，確是必須加以正規與肯定的。

荀學所開啟的重智性格，恰好為儒學從傳統過渡到現代，提供了一個始點；那就是認知精神的挺立及知識建構的凸顯，而這也正是儒學真能客觀化其自己的體現。

雖說質樸的荀子無法為其道德進路之性惡學說提供一道德實踐的超越根據，而成為荀學最根本的缺陷所在。然而，就做為具有文化使命的當代知識份子而言，若能於從事思考反省與學術研究的同時，能自覺地應機調整文化心靈的表現型能（尊德行同時也重知性），那麼，認知活動便能自然而然地展現出來，而中國文化也自然可以自主自發地成就出科學知識與技術理論。荀學最重大的文化意義即在於此。

（二）朱子學說繼別為宗的時代意義

朱子遍注群經，其廣泛且持續地講論各家之學（具見語類），對於中國的經典文獻，影響尤為深遠。朱子之論學，自有其軌轍，自有其義法。雖然以朱子生命之精誠及其存養察識之真切，也能通於心性之微，而以其自己的思路表出內聖成德之教的義理，故而能在儒家正宗大流之外，獨創另一個系統；這確是朱子最為人稱道且首肯的地方。

由於，朱子講的是儒家學問，而儒家學問自當以孔孟思想為準；因此，義理系統之不同，〔註24〕功夫入路之相異，〔註25〕在在都顯示出朱子之為朱子之繼別為宗的真正意涵。所以，朱子的思想，事實上是承繼程伊川之轉向，

〔註24〕牟宗三先生朱子是繼列為宗、別出宗系以成統，乃是就宋儒義理的傳承取譬以為言的。北宋周張大程由中庸易傳之言天道誠體，而回歸於論孟之言天心仁性；他們所體會的道體心體性體是即存有即活動的。直至程伊川而有義理之轉向（此猶如別子）；故落於大學講格物窮理，而道體心體性體只存有而不活動；以仁是性、愛是情分解了孔子所說的仁；且將孟子即心言性的道德本心善性支解為心性情三分。

〔註25〕朱子的工夫進路是安放在存天理、滅人欲的修養上（心保証它是善而不是惡）；而朱子論修養，就落在大學的格物致知上，因吾心有虛靈的認知作用，故欲致吾心之知，惟在即物而窮其理，心具萬物再順理應物。

而另外証成與荀學同一思考理路之心性對列、以智識心、橫攝系統與他律道德的理論體系。

朱子所謂的格物窮理，雖不以直接成就知識爲主旨，但他的理氣二分，卻有可以引出科學知識的理論依據（由窮究存在之理，轉而窮究存在事物本身的曲折之相，即可導出知識之學）；而他的心性思想，也爲現階段的法治理論，提供了所以可能的知識基礎。〔註 26〕因此，朱子學所肩負的時代使命，是益使德性心的修養導向於認知心的建構，把內在的超越（尊德性）轉化成外在的超越（道問學），方能落實知識的開展與法治的深根。

四、結　論

荀學回應戰國的情境，而自有其知性主體一路的闡發；朱子相應伊川的路向，而形成其繼別爲宗的學問理路。就荀朱而言，虛靈的心可以往化性起僞與即物窮理的路上走，此無非是給出了知識理論的思考空間與獨立領域。儒學在今天最迫切的問題，就是如何走向現代化與消化西學的問題。其中，中華文化的現代化，一定要由文化傳統的自我轉化去開發；且消化西學，也必由中學的超越之體轉出西學的內在之體，再由西學的內在之體，去引進科學知識與民主法治的西學之用；此由德性心轉出認知心，再由認知心來構作知識理論的思考模式，唯有自荀學的歧出與朱子繼別爲宗的學問性格中，方有其線索與理據。

參考書目

1. 朱熹：《四書集注》（台北市：藝文印書館，1999 年）。
2. 朱熹：《朱子文集》（台北市：藝文印書館，1970 年）。
3. 朱熹撰，黎靖德編：《朱子語類》（台北市：商務印書館，1983 年）。
4. 勞思光：《新編中國哲學史》（台北市：三民書局，1995 年）。
5. 牟宗三：《心體與性體》（台北市：正中書局，1968 年）。
6. 牟宗三：《中國哲學十九講》（台北市：學生書局，1983 年）。
7. 王邦雄等著：《孟子義理疏解》（台北縣：鵝湖月刊，1983 年）。
8. 王邦雄：《人人身上一部經典》（台北市：漢光文化，1993 年）。
9. 蔡仁厚：《儒家心性之學論要》（台北市：文津出版，1990 年）。
10. 楊祖漢：《儒家的心學傳統》（台北市：文津出版，1992 年）。

〔註 26〕陽明的心是理，是民主所以可能的超越根據。見前揭七一及一八。

11. 楊祖漢：《儒家與康德的道德哲學》（台北市：文津出版，1987 年）。

12. 錢穆：《朱子學提綱》（台北市：東大圖書，1971 年）。

13. 劉述先：《朱子哲學思想的發展與完成》（台北市：學生書局，1982 年）。

14. 陳榮捷：《朱熹》（台北市：東大圖書，1990 年）。

附錄三　由儒道之析論省思當今人心之依歸

摘　要

　　本文旨在通過儒家思想之論道德，與道家思想之論生命的深刻反省，來指引出現代人心靈的歸屬，與生命的安頓。以《易經》、《中庸》與《孟子》為例，舉出當前應對自我生命意義的重新認識與肯定；且就孟子的性善論與荀子的性惡說，進一步闡釋人之所以為人的真實、尊嚴與價值，開展道德心性之學的時代意義；並自老子所明示的真生命，與莊子所揭櫫於人的真智慧，來體驗物我為一的無限境界，鋪陳生命智慧之論所彰顯的時代價值；而綜論心靈改革的落實，與道德重整的必要，乃迫切落實人文關懷及文化再造最刻不容緩的要務。

　　此外，撰寫本文最終之理想，乃基於知識份子之熱愛社會國家，所生發出之不安於世風日下，人心日衰的俳惻之情與使命之感。

　　關鍵詞：極端情境、天生地養、本心善性、性惡善偽

一、前　言

　　基於身爲知識份子之覺知與省察；處今日社會價值混亂、道德人心敗壞之際；實有如經歷了世界大戰之普遍危機感所帶給人類的「極端情境」（Extreme Situation）。在此情境瀰漫下，屬人的一切事與物，莫不正接受前所未有的衝擊與無可避免的考驗。

　　其實，當代社會所層出不窮的種種問題，舉凡：個人主義興起、人我關係疏離、社會價值背離、政治情勢多變、經濟狀況動盪、文化藝術式微等；莫不是過份強調私利私見，無法共同維護群益公德所致。當然，人心之「眞」，人性之「善」，人我之「美」，已然逐漸迷惘乃至消失殆盡，亦是造成現今種種混亂紛雜的根源。

　　古代士人讀聖賢書，尚且足以明瞭獨善其身的基本道理，仍能在自己應有的分際上守成，甚或發揚光大。然而，現今以衛道自居的能仁之士，更應責無旁貸地彰顯其一己的使命感，深思時代變遷所帶給文化與心靈之「震撼」，及如何與之因應的「迴響」。

　　基於上述之體認，也爲營造更健全美好的新未來，以下即就儒家所闡發的道德心性之學與道家所傳承的生命智慧之論，展開對於現階段之時代問題的省思。

二、生命的意義

　　常常，我們的慣性告訴我們：身體病了，要多休息和找醫生；但是，心裏病了、社會亂了，卻任由它持續擴展，終至於病入膏肓。這個觀念很扭曲，卻也是個不爭的事實。由此可見，存在於人性中最大的危機，就是「生命的失落」。

　　在所有對人性論研討的課題中，都不外是重在對人心的正面啓迪與人性的積極鼓舞。尤其，是強調生命本身所蘊涵的意義。

　　《易經》〈繫辭下〉曰：「天地之大德曰生。」（第一章）
這是說：上天創生萬物，大地涵養萬物，因著天地的生養，萬物的生命才得以存在發揚。

　　《中庸》曰：「天地之道，可一言而盡也：其爲物不貳，則其生物不
　　測。」（二十六章）
這是說：天地之道總括在一個生字。天地依照萬物的特性生養有序，且其功

能生生不息，神妙莫測。

　　由《易經》與《中庸》所言，可知人類生命的起源，乃在於「天生地養」，而這個觀點也主導了中國古人，對於「天」所生無比崇高的敬畏之意。

　　所以，古人常言天道寧論、天理昭彰、天命難違等，即是強調「天」在創生人類生命上所具有的主宰義及價值義；而我們可貴的生命既由上天所賦予，那麼，回歸天道、遵循天理、克從天命，便是人類回饋天與地唯一所能做出的迴應。明白了生命起源的意義，就能瞭解珍惜可貴生命與實踐頂天立地的重要。

　　現今社會之所以混亂失序：就生命意義的觀點來看，顯然是大大忽略了，人我乃同受之於天的這個事實。由此可見，人我之間的待人接物著實不應存有貴己、排他與刻意加以扭曲比較等不良情事，否則，不就有違天意了嗎？

　　孟子十分洞悉天人之間的互動關係，在其所探討的天人關係，可自天與心性之關係的論點中得知，他曾說過以下一段很深刻的話；茲將此章所自成之三個段落，分析疏解如下：

　　　《孟子》〈盡心上〉曰：「盡其心者，知其性也；知其性，則知天矣。
　　存其心，養其性，所以事天也。殀壽不貳，修身以俟之！所以立命
　　也。」

（一）「盡心知性以知天」

　　這是說：倘若我們能夠將一己之心擴充至極，便可明瞭人之所以為人的本性是什麼；倘若我們能夠充盡人之所以為人的本性，就足以瞭解作為萬物之本源的天道究為何義。

　　從孟子這一段話，即可對宇宙人生有一絕大的肯定，那就是不該再毫無意義的求生存，如能做到盡心知性知天，就可以重新建造出生命的意義。

　　然則，何謂盡心？循孟學之義理來看，所謂盡心當該是盡本心（總說）、盡惻隱羞惡辭讓是非之仁義禮智之心（分說）；即此四端之心擴而充之，以至於仁極仁則無不愛、義極義則無不正、禮極禮則無不敬、智極智則無不明之理境，所以由惻隱羞惡辭讓是非之本心的活動，與仁義禮智之道德的理則，可知本心的活動即是客觀理則自身之呈現（亦即本心之盡其自己）。

　　在盡心的實踐活動中，人們會感到前所未有的滿足與成就；〔註1〕不但如

────────────

〔註1〕孔子也曾說：「我欲仁，斯仁至矣。」語出《論語》〈述而〉篇。

此，且在盡心的實踐活動中亦會自覺其所實踐之活動，是沒有止境的，這是因爲不論我們的生命及力量是如何地有限，但當自覺擴充本心而至仁義禮智之極時，那麼，宇宙間所存在的一切物事，就都是我們愛敬正明的對象。由此看來，心性天是沒有距離的，心性天雖有名言分際上的不同，然其內容與實質則是一樣的。所謂盡心知性知天即是本心之充盡其自己、證知其自己、朗現其自己的實踐活動。

（二）「存心養性以事天」

這是說：不放失本心，涵養本有之善性而不戕害，方能體現天道之涵義。從孟子這一段話可知現實上，人是具有感（覺）欲（望）的有限（形體）存在，人可能不時地會受感欲之牽引左右，而失其本心害其善性；因而，孟子認爲人有作後天存心養性之修養工夫，以永保其心性之良善的必要。而存心之道，消極地來說就是節制感欲，積極地來說就是念念警覺、求其放心。其實，能自覺出該求回本心之「心」就已是本心自己；所以，當人覺察到本心因感欲之攪擾而覺虛歉的同時，本心就已在此時呈現了，故而，孟子認爲只要就此本心呈現之機，加以省察而充盡之，便是存心了。

此外，養性之道亦只能在心上作工夫；所謂不違本心，旦旦而爲之，心地便可光明正大而有浩然之氣。由此看來，自心性至天是必須經由努力而達成的；因爲，我們總覺得天道嚴嚴在上，必竭力存養心性，小心翼翼、戒愼恐懼地趨近奉循而不違背，方能不忝所生、無愧於天。因而，只要是人，無論是聖或愚，都須作此工夫，只是聖人的渣滓少，才覺便化，常人的障蔽多，須更加勉力而行罷了。而且，存養工夫之所以必要，就是因爲去掉感欲的夾雜後，本心才能夠時刻呈顯。

（三）「修身不貳以立命」

這是說：修養身心，遵循天道，不因順逆而無所疑惑，就能明瞭命限的真實涵義。所謂命是個體生命在氣化流行上的內處限制，是消極的實有，可轉化之而不能消除之。

從孟子這一段話，可知作爲一個現實存在的人，其必有許多被氣化流行所決定的先天氣稟之限制（如智愚賢不肖清濁昏明等），與受制於偶然而無定準之後天境遇的制約（如生死吉凶貧富得失等）。所以，人們雖於作擴充存養其心性主體的實踐工夫時，能夠無待於外、盡其在我地反求諸己、自作主宰；

但當處於無法自作主宰而須有待於外的氣化限制與偶然境遇之際，若是已經鞠躬盡瘁、竭盡努力，卻仍深感莫可奈何、無能為力之時，這便是所謂命限了。

孟子於此特別強調；命限必待鞠躬盡瘁、竭盡努力而後可見；這是因為，人們若能積極地多努力點，氣質言行就會隨之多改變點，且客觀境遇亦會多改善些，所以，只要仍存有可以改變氣質或改善境遇之可能性時，或根本不打算去努力而任由命運之安排時，這都是不能說命的。

雖然，表面上人是受限於氣化之流行，事實上此氣化之流行乃為天道所主宰，一切氣化流行對人之限制，彷彿是天道對我之無上命令；〔註2〕亦由於正視這天道對我之無上命令所予之限制，就作為一個感欲存在的個體而言，其心性必是純粹淨盡，且當下即與天道交感而無隔的，處是時，不僅心胸開朗光明、性理充塞而有光輝，舉凡世俗一切的利害得失、吉凶富貴，頓時便消解融合於尊畏天道、敬懼制限的理性思考活動中。

然而，儘管不可能無視於力有未迨之時所生莫可奈何的感懷，但此感懷確可於此理性思考的活動中，化而為無我忘我的宇宙悲情；〔註3〕設若如此，那麼人們悲天憫人的真性情便會應事而自自然然地流露出來，並可於此悲憫他人之際回轉而來悲憫自己的生命，使自我之生命頓時超越有限而與天道相融相泯，而進至恆常的絕對精神之領域。換句話說，不論何時何地都要本著天所賦予我的本心善性來行事，至於命運究竟如何，這是人力所不能至、人智所不能知的，但亦絕不可因為命運之不能至與不可知，而影響自我遵道而行之毅力與決心。因此，只要能明瞭充盡、存養心性之善的實踐活動，同時就是超越天道的創造活動；如此，一方面就能正視命限而不妄自尊大，另一方面就能奮勇做去而不妄自菲薄。

綜上可知，命限實只能限制一己之感欲，及客觀外在之事功的成敗，但卻制限不了人們想要成就道德實踐之主體精神的充盈無限，並且，由於人們視此修身成德之實踐活動，為己之性分所當為，〔註4〕故而，命運愈是惡劣，

〔註 2〕 此處之「無上命令」是指須絕對遵守而不能違反的。
〔註 3〕 此處之「無上命令」是指須絕對遵守而不能違反的。
〔註 4〕 亦即是不能違反的必然義務；如《易經》〈乾卦象傳〉所言：「天行健，君子以自強不息。」漫充斥之一切亂象所蘊藏的危機，勢必更加印証出這麼一個富於邏輯性的推斷——若是不知防微杜漸，即如擁有永不會沈之封號的鐵達尼，也會因人為之疏失而於處女航上就在大西洋裏，避免不了船沈的

便愈見人類德性精神之可貴，與實踐道德之意志的純粹。

（四）生命意義的省思

在芸芸眾生之中，可有人端坐下來感受一下，生活的目的是什麼？在熙來攘往的情境之中，又有誰肯靜下心來理性地思考，生命的意義究竟何在？或許，我們總被忙碌佔據、被茫然掩蓋，更爲盲目吞噬到底，我們爲什麼仍然擺脫不了忙茫盲地渡日，無意識地生活，卻也無心亦無力地去關懷，內在於自我生命之中，最尊貴最有價值也最有意義之生命的眞諦？雖然如此，人們也總在科技發展物質卻又無法回歸精神之際，給出一個亙古不變的眞理解答；那就是社會必須改造，道德必須重整，心靈必須改革等冠冕堂皇卻又無法眞正落實的迷人口號。

每當面對生活窘困陷溺、生命隱而不顯之時，重視人文的心聲總在各個角落扮演著及時救火的重要任務，然而，野火燒不盡，春風吹又生。倘若不是每個人打從內心眞正地認爲；人文眞可化成（轉化而爲成德之教），且修身踐德眞有其重要性與必然性，那麼，由當今社會所彌漫，猶如孟子那個戰亂時代，誠然也是一個分崩離析、價值解體、悖亂反正的墮落世代。而孟子獨能於亂世之中，透顯出如此深刻的生命意義，實堪爲後世重整道德、改革心靈的最佳典範。且孟子所言，並非海市蜃樓，而是眞眞切切地可知能行的。首先，孟子講道德貴在自覺自發，其所言盡心、存心亦意謂著自己自發去盡、自覺去存的。因爲，唯有當人盡心、存心之時，道德之性理才會朗現，天道的意義才會呈顯。且由此所揭露出之實踐道德，是自覺自發、自主自由，也就是自律的。〔註5〕換句話說，孟子看重內在道德心性的約束，遠勝於外在法律教條的規範。

其次，孟子主張修養心性的實踐活動是日增月著無有窮盡的，因而，若是常作不慊於心的事而不能善養之，抑或是一曝十寒而未能持續之，那麼，本心性善就會逐漸被蒯喪，乃至與禽獸無以異了。

再者，孟子肯定人之修身成德的實踐活動，其當下就有絕對的價值，〔註6〕

事實。

〔註5〕就孟子而言所謂自律：狹義地說，是指本心自己所給出的法則，而不是有賴於其他一切的外在法則；廣義地說，是指天道乃當人去實踐道德時，才能彰顯出來，即因天道不會強迫命令人去彰顯它，所以說，人能弘道，非道弘人，這就是自發的自由。

〔註6〕《孟子》〈告子〉曰：「故天將降大任於斯人也，必先苦其心志，勞其筋骨，

即使是命遇之吉凶窮達，那也是上天欲使我成德的淬鍊。所以，孟子並不看重命遇對自我之制限，其真正的著眼點是勉人身處命限之中，該當如何積極地修身成德。

由孟子所闡發之道德自律、修養心性與正視命限的生命意義看來，不僅有助於現代人對一己之「生命」有一正面積極的理解，且能夠於自我中心、冷漠殘酷、非是是非的悖亂世代，得到生命的貞定，活出人之所以為人的精義。

三、道德心性之學所開展的時代意義

儒學，始終是居於中國文化之傳承史上，一個最為舉足輕重的地位；而儒家所謂的道德心性之學，亦是足以影響及歷史命脈之興衰成敗的主要關鍵。試想，倘若每個人都能夠自覺反省心性之善，那麼，社會將化暴戾為詳和；如果每個人都可以躬親力行實踐道德，如此，這世界就會變得更加美好。由於，基本上人是獨立的個體，具有自由意志，可作自我的思考與判斷，但是，僅有主體精神（亦稱主觀精神），這是有所欠缺的；此因，人我是互動的，是彼此相牽引的，所以，客觀精神之顯揚亦有其必要性。

在先秦儒家之中，孟子之學最能全幅展現主體精神之深義，荀子之論最能完全體現客觀精神之要旨。所以，因應這個時代之自我意識的過度伸張，孟子的性善論，足可激發吾人之自覺反省；而對治眼前亂象之無以復加的充斥景象，荀子的性惡說，亦足以激勵吾人之道德實踐。

（一）孟子性善論及其理論根據

就孟子於〈公孫丑上〉、〈告子上〉、〈離婁下〉、〈盡心上〉、〈滕文公上〉所言，解析孟子性善論證。

> 〈公孫丑上〉曰：「人皆有不忍人之心。先王有不忍人之心，斯有不
> 忍人之政矣。以不忍人之心行不忍人之政，治天下可運之掌上。所
> 以謂人皆有不忍人之心者：今人乍見孺子將入於井，皆有怵惕惻隱
> 之心。非所以內交於孺子之父母也，非所以要譽於鄉黨朋友也，非
> 惡其聲而然也。」

這是說：孟子之所以認為「人皆有不忍人之心」，乃因他是從「體」上肯定人人皆有先天本善的內在道德心；即所謂的「不忍人之心」及「怵惕惻隱之心」。

餓其體膚，空乏其身，行拂亂其所為；所以動心忍性，增益其所不能」。

　　孟子舉出：當我們「忽然間」看見一個剛剛學會走路的小孩，即將掉入井裏，就在這個時候，任何人「都」會怵然地驚駭恐懼而應機當下有所覺地興起悲憫不忍之心，而此悲憫不忍之心即是人人「先天本有」的善性。在孟子看來，倘若人能夠在猝遇他人攸關生死之際，而能不經任何感性私欲之驅使裹脅（譬如：並不是想藉搭救小孩而與其父母攀交情，也不是想獲得親朋好友的讚譽，更不是害怕自己會留有見死不救的惡名聲），完全是眞心呈露隨感而應地去行善救人的話，此時這不忍人之心便是仁心的直接呈現，而成就此善行的便是善性的自然流行。由此亦可知，孟子所取以瞭解人性的進路，是由不忍人之心來指證性善的。

　　〈告子上〉曰：「乃若其情，則可以爲善矣，乃所謂善也。若夫爲不善，非才之罪也。惻隱之心，人皆有之；羞惡之心，人皆有之；恭敬之心，人皆有之；是非之心，人皆有之。惻隱之心，仁也；羞惡之心，義也；恭敬之心，禮也；是非之心，智也。仁義禮智，非由外鑠我也，我固有之也，弗思耳矣。故曰，求則得之，舍則失之。或相倍蓰而無算者，不能盡其才者也。詩曰：『天生蒸民，有物有則，民之秉夷，好是懿德。』孔子曰：『爲此詩者，其知道乎？』故有物必有則，民之秉夷也，故好是其懿德。」

這是說：孟子認爲人若能順其本然的惻隱羞惡恭敬是非之心，是可以爲善的；如順惻隱之心即可表現而爲仁德仁行，順羞惡之心即可表現而爲義德義行，順恭敬之心即可表現而爲禮德禮行，順是非之心即可表現而爲智德智行等。

　　而孟子所說的性善，正是從人人都可以爲善的人性之實亦即四端之心立說的，換句話說，孟子是以四端之心來指証性善亦即由心善而言性善的。且由「仁義禮智，非由外鑠我也，我固有之也」，及《孟子》〈盡心上〉曰「君子所性，仁義禮智根於心」來看，孟子所謂的仁義禮智之性，實根源於心、內在於心，故而，孟子主張心性是一，並自「體」上肯定人人皆有先天本善的內在道德心，且其所謂的仁義禮智之性亦即爲內在的道德性。

　　因此，依照孟子人人皆有先天本善的內在道德心與內在道德性；若人爲不善，並不是爲不善者，沒有這善性或本性有不善（亦即「非才之罪也」），亦並非沒有足夠的能力去爲善，而是因爲人們無法時時通過自覺而反省思考及有此能夠爲善之本心 [註7] 善性。所以，孟子要我們須時而反求諸己，如此，

[註7]　「本心」一詞見《孟子》〈告子上〉曰：「今爲宮室之美爲之，鄉爲身死而不

本心善性才會呈顯。

　　所謂一念警覺便可為善成聖賢，若一念沈迷便為不善成奸盜，而此成聖成賢與為奸為盜相去千里之別，實非人之本性所致（所謂仁義禮智非由外鑠「我固有之」及四端之心「人皆有之」），乃是因為有些人能夠充盡其性，有些人「不能盡其才」的緣故。此外，孟子並援引年代很久遠以前之古詩來印證他的性善論；詩經大雅蒸民篇說道：天生眾民，且相對於每件事物都存在著一種行事的法則，〔註8〕而人民所秉持的恆常之性，就是喜愛追求這美好的德性。

　　對於這首古詩，孔子也稱這位作者確實具有很高深的形上智慧及道德洞見，且據此詩亦可知性善論思想的源遠流長。由於，孟子從心說性，並且肯定人性之實，是可以為善的，所以，依孟子的觀點，人之可以為善的根據就內在於道德心性之中，以下是孟子論證性善的看法：

（1）本心善性的呈顯與否，都要由自己負全責的所謂「操則存，舍則亡；出入無時，莫知其鄉」〈告子上〉

（2）人之所以有別於禽獸，就在於人有仁義之心，能自作道德實踐。〔註9〕所謂「人之所以異於禽獸者幾希；庶民去之，君子存之，舜明於庶物，察於人倫，由仁義行，〔註10〕非行仁義也」〈離婁下〉

（3）良知良能、天爵良貴都是內在於人之生命中的先天善根，所以人能為善。所謂「人之所不學而能者，其良能也；所不慮而知者，其良知也」〈盡心上〉。所謂「有天爵者，有人爵者。仁義忠信，樂善不倦，此天爵也；公卿大夫，此人爵也」〈告子上〉。所謂「欲貴者，人之同心也。人人有貴於己者，弗思耳。人之所貴者，非良貴也」〈告子上〉

　　受。今為妻妾之奉為之，鄉為身死而不受。今為所識窮乏者得我而為之，是亦不可以已乎。此之謂失其本心。」

〔註8〕亦即一切存在皆有其所以然之理，如事父當孝，待人當誠等。

〔註9〕孟子所以認為人有此知是非明善惡的道德本心，乃是因為通過觀察客觀之經驗事實中如舜之賢者；而由舜的生命全幅是良心的直接呈現天理之自然流行，孟子即由此言人性本善。

〔註10〕自幾希之仁義來分別人與其他動物，就是以仁義為內在於生命的道德原則，而非以之為外在的價值規準。因而，「由仁義行」即是順我先天本有的仁義天理而成，如此，依自力而自覺、自發命令、自定方向地做道德實踐，就是康德所謂的自律道德。

（4）聖人之所以爲聖；並非稟性與人有異，而是聖人先知先覺，先得我心
之同然（即心悅理義）。所謂「賢人與我同類者……口之於味也，有
同嗜焉；目之於美色也，有同美焉。至於心，獨無所同然乎？心之
所同然者，何也？謂理也，義也。聖人先得我心之所同然耳。」〈告
子上〉。所謂「舜何人也，予何人也，有爲者亦若是」〈滕文公上〉

綜合上述對於性善之論証，可知孟子所說的本心善性（道德心性），實乃
「天所與我」、「我固有之」、「人皆有之」的。雖然如此，即使孟子是以心性
爲定然且必然的善，但這並不表示，人的一切實際行爲即能從善如流，無所
指摘；此因《孟子》〈告子上〉曾指出：

（1）人會因環境之制約而陷溺其心。所謂「富歲子弟多賴，凶歲子弟多
暴。非天之降才爾殊也，其所以陷溺其心者然也」。因此之故，孟
子勉人要尚志與尚友。〔註11〕

（2）人會因感欲之攪擾而梏亡其心。所謂「雖存乎人者，豈無仁義之心
哉？其所以放其良心者，亦猶斧斤之於木也；旦旦而伐之，可以爲
美乎？其旦晝之所爲，有梏亡之矣。梏之反覆，則其夜氣不足以存。
夜氣不足以存，則其違禽獸不遠矣。人見其禽獸也，而以爲未嘗有
才焉者，是豈人之情也哉」。因此之故，孟子勉人存養本心、省思
反求與先立其大。〔註12〕

（3）人會因弗思之閉隱而放失其心。所謂「仁，人心也。義，人路也。
舍其路而弗由，放其心而不知求，哀哉」，因此之故，孟子勉人求
其放心與擴充四端。〔註13〕

綜合上述未能盡其才的原因，可知孟子雖以人的確有此制限，但是，若能透
過工夫的涵養；自覺地存此心、養此心、充此心、擴此心，如此，在心上作
工夫，在性上得收穫，那麼，何衝突紛爭之有？又何自私偏見之有呢？

（二）荀子性惡說及其理論根據

依荀子於〈正名〉、〈榮辱〉、〈性惡〉、〈正論〉、〈禮論〉所說，論證荀子
性惡說。

〔註11〕「尚志」之說，載於〈盡心上〉；「尚友」之論，見於〈萬章下〉。
〔註12〕「存養本心」參〈告子上〉，「省思反求」參〈盡心上〉，「先立其大」參〈告
子上〉。
〔註13〕「求其放心」與「擴充四端」皆見於〈告子上〉。

〈正名〉曰：「生之所以然者謂之性；性之和所生，精合感應，不事
　而自然謂之性」

這是說：性乃天所成，換句話說，就是由自然生命之絪縕所生發出之不待學
習就自然而然如此之性質或徵象。

〈榮辱〉曰：「凡人有所一同：飢而欲食，寒而欲煖，勞而欲息，好
　利而惡害，是人之所生而有也，是無待而然者也，是禹桀之所同也。
　目辨白黑美惡，耳辨聲音清濁，口辨酸鹹甘苦，鼻辨芬芳腥臊，骨
　體膚理辨寒熱疾癢，是又人之所常生而有之，是無待而然者也，是
　禹桀之所同也。」

這是說：荀子是自飢欲食、寒欲煖、勞欲息等之「生理欲望」；好利而惡害之
「心理情緒」；及耳目鼻口之辨聲色臭味、骨體膚理之辨寒暑疾癢等之「感官
本能」，來界說人性之內容的。

〈榮辱〉曰：「凡人之性者，堯舜之與桀跖，其性一也；君子之與小
　人，其性一也」又「聖人之所以同於眾，其不異於眾者，性也。」
　（同出〈性惡〉篇）

〈榮辱〉曰：「材性知能，君子小人一也。」

這是說：荀子所說的性及其內容，不但是與生俱來，而且還具有絕對之普遍
性。〔註 14〕換句話說，人性及其內容豈唯禹桀、聖凡、君子小人之所同，抑
亦人禽幾所同。〔註 15〕

〈榮辱〉曰：「人之情，食欲有芻豢，衣欲有文繡，行欲有輿馬，又
　欲夫餘財蓄積之富也。然而窮年累世不知足，是人之情也。」

這是說：荀子是以不斷地追求欲望之滿足而爲人性之常。

〈正論〉曰：「人之情欲寡，而皆以己之情爲欲多，是過也……古之
　人爲之不然，以爲人之情爲欲多而不欲寡，故賞以富厚而罰以殺損
　也。」

這是說：荀子舉出富厚賞之而有功，殺損罰之而見效之事實，以明自古以來
貪多務得乃人之通情。

〈禮論〉曰：「人生而有欲，欲而不得，則不能無求；求而無度量分

〔註14〕若性惡說必須成立，那麼，人性即應是相同而不相異；此因，人性若有不同，
　　　　則人性之中就會同時出現善或惡。
〔註15〕荀子以有辨、有義、能群爲人禽之區分所在。

界，則不能無爭。爭則亂，亂則窮。」

這是說：荀子以為欲求是無底的深淵，一旦人不知足地深陷於此，而疲於奔命無有已時，就避免不了會發生爭奪殘殺的暴力行為，而造成社會國家的混亂。

綜上所述，荀子透過觀察歸納經驗界中的萬事萬物，所作成之人性論的歸結，可知荀子所謂的性，實只是客觀經驗中原無善惡可言之自然而然的事實存在；依此而對人性所取以瞭解的角度，自與孟子之由心善以言性善的觀點，有著極為顯著的不同。正因荀子是立於即性言情、即情言欲之角度來把握人之存在的，是故，欲求不但是受之於天，且亦是人性的具體呈現。所以說，荀子是以欲為性的。〔註16〕

其次，就荀子性之本義，順之即易成惡的觀點，茲舉其正面的直接論證如下：

〈性惡〉篇云：

> 人之性惡……今人之性，生而有好利焉，順是，故爭奪生而辭讓亡焉；生而有疾惡焉，順是，故殘賊生而忠信亡焉；生而有耳目之欲，有好聲色焉，順是，故淫亂生而禮義文理亡焉。然則從人之性，順人之情，必出於爭奪，合於犯分亂理，而歸於暴……用此觀之，人之性惡明矣

> 今人之性……縱性情，安恣睢，而違禮義者為小人。用此觀之，人之性惡明矣

> 今人之性，生而離其朴，離其資，必失而喪之。用此觀之，然則人之性惡明矣

> 今人之性，飢而欲飽，寒而欲煖，勞而欲休，此人之情性也……故順情性則不辭讓矣，辭讓則悖於情性矣。用此觀之，人之性惡明矣

由此四則論證中可知，荀子所說的性，是指好利疾惡等之「心理情緒」，好聲色之「生理欲望」，及飢欲食、寒欲煖、勞欲休等之「生物本能」而言。〔註17〕而荀子言性惡之理據即在於「今人之性，生而離其朴，離其資，必

〔註16〕依荀子〈正名〉篇云：「有欲無欲，異類也，生死也」可知，有欲之類是生而即有欲，死而方無欲的，所以，荀子以欲為性之意，即是以性若不是人生而即有，就是人生而即無的。

〔註17〕依荀子「生之和所生，精合感應，不事而自然，謂之性」所言，性必然包含此等動物性的自然情欲在內；而此即表性與自然情欲乃是一必然連結的分析關係。

失而喪之」；因爲，根據孟子所言，失喪人性之善而後才生惡，所以，荀子
以爲善性之喪亡必是生而即喪。

　　再者，荀子亦就人性中本無善而欲求善的初衷，舉其反面的間接論証如
下：

〈性惡〉篇云：

> 凡人之欲爲善者，爲性惡也。夫薄願厚，惡願美，狹願廣，貧願富，
> 賤願貴。苟無之中者，必求於外……今人之性，固無禮義，故強學
> 而求有之也；性不知禮義，故思慮而求知之也。然則性而已，則人
> 無禮義，不知禮義。人無禮義則亂，不知禮義則悖。然則性而已，
> 則悖亂在己。用此觀之，人之性惡明矣

> 凡古今天下之所謂善者，正理平治也；所謂惡者，偏險悖亂也：是善
> 惡之分也矣。今誠以人之性固正理平治邪，則有惡用聖王，惡用禮義
> 哉？雖有聖王禮義，將曷加於正理平治也哉？今不然，人之性惡

> 故性善則去聖王，息禮義矣。性惡則與聖王，貴禮義矣。故隱栝之
> 生，爲枸木也；繩墨之起，爲不直也；立君上，明禮義，爲性惡也。
> 用此觀之，然則人之性惡明矣

由此三則論證中可知，荀子欲藉人性中本無善而欲求善（薄願厚、貧願富）
的心理動機，來反証人性是惡的。所以，他以爲聖人之所以明禮義，乃因其
明瞭人性是惡的，且人性之中是無有禮義的。但是，由於荀子是以正理平治
爲善，偏險悖亂爲惡，且其主張人必須透過後天的學習才能認知禮義，〔註18〕
及捨棄禮義的結果就會導致偏險悖亂的情況看來，荀子所謂的性，實只是惡。

　　綜上所之言「以欲爲性」，謂「人之性惡，其善者僞也」的直接論證，及「凡
人之欲爲善者，爲性惡也」之間接論證，可知荀子論証性惡善僞的三大方向。
然而，荀子雖是主張性惡，但他並不即以情性之惡來代表人生之全，〔註19〕亦
即荀子之指稱性惡，究其實，只是欲提供人們一轉而向善之機，而此轉而向善
之機即其所謂之化性起僞〔註20〕的成德工夫。因此，爲善的可能〔註21〕是繫於

〔註18〕〈性惡〉篇云：「聖人積思慮，習僞故，以生禮義而起法度，然則禮義法度者，
　　　　是生於聖人之僞，非故生於人之性也」，又「聖人之所生也，人之所學而能，
　　　　所事而成者也」。

〔註19〕此義請參閱周群振：《荀子思想研究》，頁 58～62。

〔註20〕〈儒效〉篇云：「性也者，吾所不能爲也，然而可化也」，這是說通過後天之
　　　　努力、經驗之學習，是可以改變生而即有之性的，而此依後天經驗之努力學

僞而不在於性。換句話說，由荀子論性的意義看來，所謂性惡是指順性而無節，亦即自然情欲之性原是無所謂善惡的，人性所以是惡的乃因人任順此自然情欲而行的結果。因而，荀子既以經驗觀察、自然天生等實然角度，來界說性義及其內容，那麼，去惡成善的關鍵與道德實踐之所以可能的依據，就落於心了。

由於，荀子主張「人之性惡，其善者僞也」（性惡篇）之「性惡善僞」說，所以，只能依靠性以外的力量，才足以「化性起僞」，而這個力量依荀子看來就是來自於心，所以他說心能夠成僞、成就道德實踐，亦即心能夠治性。茲舉出荀子「以心治性」之實證如下：

(1) 荀子以「心」爲一生而即自然有之「能治者」。〈天論〉篇云：「心居中虛，以治五官，夫是之謂天君」〔註22〕

(2) 荀子以爲人「生而即有」認知的能力，換句話說，「知」是「心」生而即有的能力。〈解蔽〉篇云：「人生而有知……心生而有知」

(3) 荀子以爲禮義是成之於後天人爲的經驗累積與學習努力，故是客觀外在的，因而人心亦必須通過修養工夫去認知，才能把握禮義。換句話說，因爲禮義外在，故必須通過認知禮義，而以禮義來制欲，亦即治性。〈解蔽〉篇云「人何以知道（即禮義）？曰：心。心何以知？曰：虛壹而靜」

綜上所述，荀子的性惡說是就「人若順性而無節，就易流於惡」的這個觀點來立論的；而荀子所說的心，是認知心，是能治者，其通過虛壹靜〔註23〕之修養工夫，不僅能認知禮義而化性起僞，亦能實踐禮義而成善去蔽，這在先秦儒學之中是相當獨到的心性論見解，而此見解無疑地透露出了，荀子之經驗態度的貫徹，與理智思想的蓬勃。

（三）孟荀實踐道德之學的時代省思

自古至今，活躍在歷史舞台上的人們，相信最能夠體會出—人無時無刻不在改變—的這個事實；所謂從傳統到現代（文化），從專制到民主（政治），

習所成就之爲善的實踐工夫，在荀子看來就是僞。

〔註21〕 「可能」乃意指可以成就善而不必盡善。所以，荀子只說「其善者僞也」，而不說「其僞者善也」。

〔註22〕 「天」指心是自然本有，「君」謂心是能治者。

〔註23〕 〈解蔽〉篇云「心未嘗不臧也，然而有所謂虛；心未嘗不兩也，然而有所謂壹；心未嘗不動也，然而有所謂靜……虛壹而靜，謂之大清明」此言心的特性是：虛而能容，能兼知也能專一，能活動也能靜慮。

從艱辛到富裕（經濟）；凡此種種演變，即在說明「人心思變」的恆常真理。然而，改變雖是隨著時代不斷地在遞嬗，但「變中必有常則」，這也是容易為人所忽略的常理；所以，由此亦可証知，人同此心，心同此理。既然如此，文化心靈之本質應就無古今之分，而道德實踐之不容已亦應無過去與現在之別，只是，處今之眾人皆醉我獨醒的危機世代，如何保有一顆澄澈清明的內心，實是現代人最須思索反省的的當務之急。

戰國時代的孟子荀子，始終最能扣緊道德心性的實踐之學，以因應時代變革之需要，且其豐富的文化心靈，也最能對於人文關懷予以無限的渴求。對於人的存在：不論是推崇孟子價值義〔註 24〕之道德主體性的論點，或者是秉持荀子無價值義之自然存在的看法，其實都有助於自我心靈之改革與德道德之提昇。然而，若要彰顯出人性真正的價值與人心普遍的依歸，卻都必須勉力於孟荀所揭櫫之逆覺體證的本質工夫，及終身實踐的成德之教了。

四、生命智慧之論所開展的時代意義

在先秦思想之中，老子最用心就安頓生命而立說，莊子最擅長就增長智慧而立論；而不論是生命的安頓，或是智慧的增長，都是現代人該當缺一不可，且又刻不容緩的用心之所在。

第以今日時勢而觀之，在社會上，有些人因急功近利而斷送了生命的本真；在生活上，有些人則是因為渾渾噩噩而失喪了智慧的汲求；誠所謂因小失大，小學而大遺啊！因此，就讓道家思想之返璞歸真、與物俱化的深刻理境，來重新體驗生命，懷抱天地。

（一）老子生命之學的真諦

1. 人生困苦的根源

〈第二章〉云：「萬物作焉而不辭即（「長而不宰」〔註25〕），生而不

〔註24〕〈離婁下〉曰：「人之所以異於禽獸者幾希；庶民去之，君子存之，舜明於庶物，察於人倫，由仁義行非行仁義也」。在這裡很清楚地分別出，人有幾希之仁義能作道德實踐，動物則不能，孟子即基於此以言人性之價值與尊嚴之所在；此外，由於仁義是內在於生命的道德原則，而非外在的價值規準，因而「由仁義行」即是順我先天本有的仁義天理而行，如此依自力自覺、自發命令、自定方向地做道德實踐，就是康得所謂的自律道德。

〔註25〕在〈第十章〉、〈五十一章〉都有類似的三句話，它們前二句是「生而不有，為而不恃」，第三句則是「長而不宰」。

有，爲而不恃，功成而弗居。夫唯弗居，是以不去。」

這是說：讓萬物成長而不加主宰，生成萬物而不據爲己有，養育萬物而不依恃，生成養育成長萬物而不居功。只因爲不居功，所以功成（成就了生成養育成長的功績）。

老子在這裏清楚道出了：人生的困苦是自己找出來、帶出來的。舉例而言；父母生下我們（生），爲我們付出了一切（爲），帶著我們成長（長），但是，爲什麼現代的社會，有些父母與子女間的關係，會疏遠有距離甚或緊張處不好呢？這是因爲一般人總以爲，我生下他，爲他付出一切，帶著他成長，所以應該擁有他，主宰他，一旦子女不從，父母便會憂傷氣苦地迫使子女承受虧欠自己的壓力，所以，子女會想逃家，而父母卻仍活在自我的期待（以福報來要求回報）之中。

在老子的思考裏，多了一層「不」的涵義，所謂的「生而不有，爲而不恃，長而不宰」；你可以生他，但他不是你的，是個獨立個體；你可以爲他付出一切，但你不能依恃他，好像他欠了你的債；你可以帶著他成長，但你不可主宰他，決定他的未來。

身爲父母要能夠放得開，「不有、不恃、不宰」，一方面對子女好，同時也要忘了自己對子女的好，只有在付出而不求回報（不居功）的同時，才眞正地完成了生成養育成長的大功，功成了弗居，才眞正實現了父母原初對子女的好。換句話說，老子於此有一生之實現原理的逆轉性思考；因爲一般而言，都說是功成而弗居，但事實上，老子卻認爲是因爲我們弗居才功成的。

如此地反省，不就可以放開心執，[註26] 退一步讓萬物自己去實現自己嗎？所謂不居功比功成更重要，對於我們所關愛的對象，我們都會不吝於爲他付出一切，但是最後卻缺少了一項智慧，那就是忘了自己爲他所付出的一切，原來人生就是差了這麼點逆轉；當我們忘了的時候，才眞正地實現與成就，否則，就只有落入心執困苦中而無法自拔了。

2. 回歸自然、崇尚無為

〈第五章〉云：「天地不仁，以萬物爲芻狗；聖人不仁，以百姓爲芻

〔註26〕〈三十八〉章云：「上德不德，是以有德。下德不失德，是以無德」；這是說不把道德不道德的感受放在心上承擔，這樣反而比較能夠把道德的一面表現出來，如果總覺得自己應該表現出道德的一面，結果因爲太執著壓力太大，反而沒有辦法把眞實的自我呈現出來。換句話說，老子之意就是以「不德」的作用來保存「有德」的實有。

狗」〔註27〕

這是說：天地是無心的，它放開萬物，讓萬物去自生自長；聖人是無心的，他開放百姓讓百姓去自在自得。老子所謂的「不仁」，並不是沒有仁、否定仁，而是仁的提升、仁的超越；不仁就是忘掉自己，就是無心，就是自然。所以，聖人是無心的（沒有自己的心），以百姓的心做爲自己的心。〔註28〕正因爲聖人無心（自然），沒有自己的堅持（不造作），開放百姓，讓百姓自在自得，這叫無爲而治，無爲而無不爲。〔註29〕

〈第三十八〉章云：「上德無爲而無以爲，下德爲之而有以爲」

這是說：眞正有德的人是凡事都不放在心上，不構成心理壓力，因而就能無心而爲、自然去做；比較無德的人則是凡事執著唯恐失去，不斷地想緊緊抓住些什麼，因而常懷著特別的原因動機或目的、有心而爲。

老子所謂的「無爲」，不是不爲，只是無心而爲，還是爲，自然的爲；所謂「有爲」，就是有心而爲，有心的爲是人爲造作，而人爲造作會剛好適得其反。倘若，每個人都能夠瞭解何爲「自然無爲」，那麼，週遭的人不都能當下跟著你自然了嗎？無爲了嗎？

3. 求學與求道的生命兩路

〈第四十八章〉云：「爲學日益，爲道日損」

這是說：求學的路是每天求其增加，求道的路是每天求其減損。老子此言並不是肯定往外求知的路，因他以爲我們在不間斷地擴大視野增廣見聞的同時，容易感受到一些新奇的東西，就會在心裏面變成一個「可欲」的執著，牽引著你去追逐，所謂的「馳騁畋獵，令人心發狂」，〔註30〕本來求學的宗旨是爲了要讓心知去分別，何謂善惡對錯，但是，由於心知的執著牽引出狂亂，最後連自我的情識也跟著陷溺了。

因此，老子強調致虛守靜〔註31〕的工夫，也就是說在求學的路上，因著視野見聞的擴大增長（有限的），所增益之心的執迷，必須要把執著虛掉，並

〔註27〕芻狗是用草做成的狗，把它裝飾起來用在祭祀，祭祀完後就丟掉；所謂從草原來，又回到草原去，得其所哉！
〔註28〕〈四十九章〉云：「聖人無常心，以百姓心爲心」。
〔註29〕聖人無爲，百姓無不爲；天地無爲，萬物無不爲。無爲的作用，就能夠實現無所不爲的價值。
〔註30〕語出《老子》〈第十二章〉
〔註31〕〈十六章〉云：「致虛極，守靜篤」。

且要使心守靜而不狂亂；當自己的內心虛而不執時（無限的），生命就能歸於平靜，這樣的減損就是心的放開，也就是求道的路。

由此可知，老子反對因爲爲學日益所帶給我們的主觀心執，所以，他要我們爲道日損，減損心知的執著，化解心裡的狂亂，遠離心靈的陷溺，讓心歸於虛歸於靜，心虛靜了就能觀照，通過觀照之後，每一個人就回到了眞實的自己。〔註32〕

（二）莊子智慧之論的精義

1. 轉化心靈的桎梏

人一生的成長歷程，在莊子看來，是往外漂流沈落的過程，而成長茁壯所需付出的代價，則是失落了童年的天眞，及使心靈蒙受無比的桎梏。所以，莊子所謂的「德充符」，即是「德充於內」─不流落於外而保有天生本眞；就能「符應於外」─人與人相處就可以契合符應了。透過莊子在德充符裡所提到的寓言故事，可知生命的價值不在「形」而在「心」、在「德」。因而，故事中的主角人物都是肢體殘缺的人。

故事之一；申徒嘉是個兀者，與鄭國子產，同是伯昏無人的學生。但是，官居相位的子產卻看不起身體殘缺的同學，申徒嘉感傷地說出：其實，每個人都活在神射手的靶心之中，人在靶心裡，面對許多神射手的射擊，一定會受傷，而身處這樣的人生境地，也只好接受這種不幸，安之若命，就好像我天生少一條腿。然而人生在世，最重要的是追求內在德慧生命的充實，而不是外在的聲名地位等的享受。〔註33〕

從這則故事中給出一個很好的啓示：人世間的芸芸眾生往往容易爲外在的容貌、權勢、名利所牽引，落入比較而身受其害；看到別人比自己漂亮、有錢有勢、有名有利，就覺得自己受到了挫折和傷害，也就如同別人身上的鋒芒展現出來，我們就會被射中一樣，因爲我們輸給他，比不上他。

所以，台灣目前的社會，由於有些人無法將人生的無可奈何（人世間是必中之地，〔註34〕總會被射中），當做是天生的命，因此，基於不甘心與不服

〔註32〕〈四十八章〉云：「損之又損，以至於無爲，無爲而無不爲」這是說，減損就是無爲。

〔註33〕此義見「遊於羿之彀中。中央者，中地也；然而不中者，命也」及「今子與我遊於形骸之內，而子索我於形骸之外，不亦過乎」。

〔註34〕家庭是必中之地，夫妻處不好，親子處不好，每個人都在夫妻親子的關係中

輸之心態使然，無形中讓可以防患未然的社會脫序現象增添不少。且社會上的每個人也都會因著這樣層出不窮的脫序現象，而受到程度不同的傷害。

　　透過莊子的思考，人原本都是完整的，只是無形中很很多人被比下去，讓他們自覺殘缺，如果我們能夠德充於內而不形於外，〔註35〕就能符應於外而不會有人受到傷害了。

　　故事之二；衛國人哀駘它，是一個相貌醜陋而德行高尚的人，不但男女老幼都願意親近他，連君王也不由得賞識他，想請他當宰相，但是哀駘它沒答應，使魯哀公悵然所失，驚異地問孔子，他到底是個怎麼樣的人？莊子在這裡借孔子給出一個合乎道家立場的理由說：「未言而信，無功而親」，是因為哀駘它是「才全而德不形」之人。

　　從這則故事中令我們深深思考及：人生在世不外充滿著死生、存亡、寒暑、賢與不肖等氣命的流行，與窮達、貧富、飢渴、毀譽等人世的變遷，而莊子認為要面對這些人生的問題及考驗，先決條件就是不要讓諸如此類的事情來干擾我們的心（靈府），即使，氣命不續地流行，人世不斷的變遷，只要忘掉做為一個人的煩惱與負擔，心就可以回到原先的沖虛狀態；能夠這樣，心靈就會與外界產生和諧的感應（和），心情就會無比地愉悅（豫），心胸也就會流暢通達（通），而能永遠保持一種春和之氣。

　　莊子說得很對，哀莫大於心死。人會老是因為我們心老（「其形化，其心與之然」齊物篇），實在說做人真是艱苦又複雜，但是，只要我們不把艱苦（氣命的流行限定），及複雜（人世的複雜變遷），帶入我們的心成其為困頓之所在，那麼，心不被塞滿，就不必承受過多的壓力，更無須面對許多的衝突，這樣一來，心就能保持虛靈，虛靈就可以平靜而和諧；如果心能平靜則不論何時都會有笑容，有份歡喜洋溢著，自然每個人都會很喜歡跟你在一起，因為他們都能感受到你的喜悅，同時也會覺得彼此的生命是可以流通歡暢的；而此保有本真自然的人生態度和存全自在自得的人生體驗，即是「才全」真正的涵義。

　　除此而外，所謂「德不形者，物不能離也」，由於哀駘它是個德不形的人，且每個人都喜歡而不想離開他，無法拒絕其驚人的吸引力，實在是因為跟其他人在一起會覺得自己殘缺，跟德不形的人在一起，我們才能找到自己，才

　　　受傷；學校是必中之地，同事處不好，師生處不好，每個人都在同事師生的
　　　關係中受傷……。
〔註35〕形於外就是在射箭，一定有人會受傷。

會覺得自己很完整，本來游走在人間爭逐奔競的人，好像什麼都沒有，但一到哀駘它身邊，就發現自己什麼都有。因此，現代的人若能以「才全而德不形」（保有內心的平靜而不把自己的好表現在外）這樣的理念來自我期勉，相信這社會上就能更進步更詳和。

2. 突破自我的困境

自我最終的困境，在莊子看來，應屬生命之有限性與人間的複雜性；而所謂的「養身主」，即是欲突破人生之有限與複雜（外在），使得精神生命能夠向上揚昇（內在）的義理。莊子嘗言：「吾生也有涯，而知也無涯；以有涯隨無涯，殆矣」。這是說：有限的生命追逐在無窮無盡的知識大海裡，會把自己弄得非常困頓。〔註36〕

這是因爲社會總是用新的東西在帶動我們，新的東西出現，社會總會跟著流行，而我們永遠趕不上流行的風潮（如電腦科技的日新月益、機器設備的推陳出新……等）；我們停不下自己的腳步，人的生命就註定要浪跡天涯，疲於奔命地不知該往何處走。

莊子舉出「庖丁解牛」的寓言說道：其實順守「緣督以爲經」〔註37〕的根本原理，人的一生是可以臻至登峰造極的藝術之境的。

在這則故事中，莊子以牛的筋骨盤結比喻處世的繁複；以庖丁在實踐中體悟解牛須得「因其固然」的道理，啓迪我們處世之時不能剛愎自用，要遵循自然法則；以庖丁所遇筋骨盤結的難爲之處所採取之「怵然爲戒」（凝神專注）的心態，提醒我們遭逢逆境時，行事更應戒愓專一；又以庖丁成功後「躊躇滿志」的喜悅和「善刀而藏之」的謹愼，教導我們凡事應內斂，不宜過份張揚；此由解牛之方來比喻養生之理，再由養生之理來比喻處世之道，莊子眞是極盡曉喻之能事。

其次，庖丁解牛時舉手投足間，「莫不中音，合於桑林之舞」，亦即庖丁是在音樂的旋律和舞蹈的節奏中進行解牛的過程——「庖丁解牛」從人、牛「對立」；至「所見無非全牛」，主客的「消解」；再到「未嘗見全牛」，整個「融合」的經過；神乎其技地凸顯了藝術之境與展現了自然之道。〔註38〕

再者，莊子解牛之說，想必是要我們解開人間世的複雜（矛盾衝突）而

〔註36〕即如郭象所言「年命在身有盡，心思逐物無邊」。
〔註37〕即順守自然理路以爲常法。
〔註38〕此義參閱陳鼓應：《老莊新論》，頁172。

保有自我的本眞，讓世界回歸單純；而無刀（刀鋒是無厚的）之喻，更是要讓我們瞭解若是自己沒有厚度（不自我中心、唯我獨尊），世界根本就很大，路也是無限地寬廣。就好比刀鋒沒有去切割到肉也沒有砍斫到骨頭，通過內心虛無的自我修養，我們每個人永遠可在人間世的空隙中通過。因此，莊子所謂的養生主，實際人就是在養「心主」，也就是養心；而養心之道在無心，無掉心裡的執著（無知），不要讓生命又疲又累，受苦受難。

3. 無名無待，齊物逍遙

從「齊物論」到「逍遙遊」，依莊子的思路就是從物我的同體肯定到萬物的自在自得。

首論「齊物」：

所謂齊物就是齊「物論」，也就是平齊人我之間的不同觀點（如尊重彼此之思想觀點、宗教信仰）。莊子在「萬竅怒號」〔註39〕的寓言中指出；天地間吐了一口氣，這個氣叫做風，除非這個風不興起，否則宇宙的風一旦升起，當然會吹向大地，大地有萬種不同的竅穴；所以風吹過來，透過萬竅就發出萬種不同的聲音，這萬竅怒號就叫做「地籟」。

通過萬籟來看，每個人也有所不同，這叫「人籟」。〔註40〕雖說儘情地發出生命的樂音是「咸其自取」（要發出什麼樣的聲音，是由自己決定的）的，但是這個取仍必須是取自天地之氣，所以怒者其誰，乃是得自於「天籟」（所形成的風）。若從地籟來看的話，百花不相同；如自人籟來說的話，每個人也都不一樣。但是，就天道的立場來說，原來所有的花都是天籟，無花之花，而且原來所有的人也都沒有分別，都是平等的。既然，萬物本是平等的，爲什麼現實生活中仍有許多紛紜雜亂的差別對立？在這裡莊子給出一個理性的解答—心落於形是人生有限性的開始；且心落於形，形成了兩個問題，一個是「成形」，一個是「形化」。所謂成形；是說無限的心落在有限的形軀之上，心就會與形軀結合爲一體，所以我的心一定得通過我這個人去表現，而且每個人的想法看法也都不一樣；因爲成形就已分出彼此，於是就產生出我是他非的是非問題。

然而莊子認爲無窮的是非，是自對立關係中產生出來的，〔註41〕這是主

〔註39〕語出「夫大塊噫氣，其名爲風，是唯無作，作則萬竅怒號」。
〔註40〕莊子言「人籟則比竹是已」；並列的竹子長短不一，敲打出來的聲音也不一樣。
〔註41〕「物無非彼，物無非此」、「彼出於是，是亦因彼」，此言世物皆因對待而成，

觀心靈的預設，而非眞實的存在；而且對立關係並不是永存的，〔註42〕既然如此，我們的心靈應該自對立的關係中超拔出來，不走「因是因非，因非因是」〔註43〕的路子而「照之於天」（直接以空靈明覺之心照見事物的本眞）。

所謂形化，是說人生會因著變化而有不同階段的，所以有人拒絕成熟而想要永遠幼稚，而且無限的心落在有限的形軀之上，此「心」會去「知」我的形的每一個階段（如少年、中年、老年），我的心去知我，然後我就只愛自己不愛別人，只知道有自己不曉得有天下；因爲形化（形體會變化），變化到最後就產生出生死的問題。〔註44〕

然而莊子認爲所謂心知，就是心透過形軀來認識世界，所以會有執著有分別，也叫做「成心」。〔註45〕其實生命中很多的焦慮、恐慌與憂傷，都是因心知而起的分別情識所造成的，而此分別情識所帶來的壓力痛苦也都是因執著於「名」（如善惡、對錯、生死）所導致的後果；所以只有無名，無掉以一己之主觀規準來做爲是非善惡的定準，那麼無名以後大家才能平齊，也才能一起活出自己的精采。所以，由莊子的理路透顯出，因爲大小壽夭〔註46〕都是在有限的時空中比較得來的，若從無窮的時空觀點〔註47〕來看，一切性質的差別都只具相對的意義。

由上可知，莊子的齊物論，從揭露主體的有限性，說到事物的相對性，進而取消性質的差別，所以他進一步說「天地與我並生，萬物與我爲一」，亦即物我齊一、主客一體是齊物論所欲達到的最高境界，而人到了最高境界，沒有自己，就跟天地合一，萬物合一。

次論「逍遙」：

所謂逍遙遊可分開解釋而爲：逍是「消解」，消解一切的人爲造作和對外依賴〔註48〕（有限的）；遙是遠大，把有限（自我）消解「開發」成無限（自

　　有彼就有此，有此就有彼。
〔註42〕「方生方死，方死方生」、「方可方不可，方不可方可」，說明了對立關係之價值判斷的流變無常。
〔註43〕因主觀心靈所持之角度標準的變動，所產生之價值判斷的無窮相對性。情狀，亦即莫若以明之意。
〔註44〕生死問題只有靠宗教來解釋，哲學無法究竟。
〔註45〕就是在心裡成立了自己的分別；如新的就是對的，舊的就是不對的。
〔註46〕參見「天下莫大於秋毫之末，而大山爲小；莫壽於殤子，而彭祖爲夭」。
〔註47〕參見「有始也者，有未始有始也者，有未始有夫未始有始也者」。
〔註48〕我們不能靠景氣，要靠修行，才能自在自得；所以要把我們對人間過度的依

我）；遊是「自在」，精神方面擁有開闊的空間，才會自在；所以逍遙遊就是消解有限而開發出無限，把小心眼和小氣消解掉，視野和世界就跟著大了，於是我們就會覺得空前地閒適自在，人間處處可去，到處可遊。

透過「大鵬怒飛」的寓言，可更加瞭解逍遙遊的義旨；莊子說：北海（冥是孕育生命到大海）有條名叫鯤的小魚，小魚長成之後成為幾千里那麼大的魚；後來這條大魚又轉化而成為大鳥，大鳥的名字叫大鵬，也有幾千里那麼大，但它不再是魚，化成鳥在空中飛；大鵬鳥奮起飛翔時，翅膀間的擺動就像白雲垂在天旁，而牠一張開翅膀就遮住了半邊天；大鵬鳥在海上長風吹起（代表「自然」〔註49〕）時，就憑藉著海上長風往南飛去，從北海飛到南海。〔註50〕

由以上的故事內容可以看出：莊子富於文學性的語言，實在很具有想像力。故事中的主角，鯤是魚鵬是鳥，但他實際上講的是人；故事背後的道理事實上是對人說話。

莊子告訴我們人生就像是在生命的大海裡，我們被生下來時很小，但是我們會成長，不僅是形軀上的成長，而且還是境界上的轉換（化）；這意味著人的身量，由小而大，由大而化，然後與自然相結合，那時人間就是天國，北冥就是南冥，南冥不離北冥。

莊子的話真是耐人尋味，這個寓言其實是要我們懂得去自我改變（即修養）；不錯，天國是好過人間，但不是把每個人都送上天國就是好的，人須改變才可以；人要修養成天使，人間才可能是天國，假定人仍依然故我的話，把每個人都送上天國，天國也會變成人間。〔註51〕

其次，莊子認為理想的境界是超越形軀的修養，而至於精神上的自在、絕對自由，所謂「乘天地之正，而御六氣之辯」─乘天地的正道與駕御六氣的變化，其實莊子的意思是：天地有常軌，六氣有變化，只要我跟天地六氣在一起就不會為它所困，因而也就不必乘不必御，這叫「無待」。

莊子所說的無待，是沒有條件的，就是不必等待，當下即是，所在皆是，也就是自在自得（我自己在自己得，不必等待）。無待才能夠逍遙，而這種境

賴消解掉，而永遠靠自己的力量去得到什麼，自己在自己得，而不是別人讓我們在讓我們得。

〔註49〕海上長風怎麼吹，我們就怎麼走，即順應自然來走人生的道路。
〔註50〕原文請參見〈逍遙遊〉首段。
〔註51〕此喻請參閱王邦雄：《莊子道》一書，頁19。

界的逍遙，是往上而遊的逍遙，而且是無掉心知執著，避開生命的壓力和傷害，無論在任何景況，大家都能一起的逍遙遊，如此地逍遙無待，就如同是天下篇所說的「與天地精神相往來」，消解物我與時空的限制，而達到與宇宙天地相感相通、相融相合之境地。

（三）老莊生命智慧之論的時代省思

身處動盪不安、人心萎靡之戰亂世代，老莊與孟荀同樣有著對世道人心基本上共同的理解；那就是「變」，外在環境不停地轉變（周室王權的旁落導致戰國大欺小、強併弱）；而人心當然也就跟著改變。只不過這樣的改變，在儒道來說，都是取其「向上」的改變，所謂的聖人與眞人皆是最理想的人格典範；只是儒道兩家用以「教」、用以「化」的方式不同罷了。

有人這麼說：儒家講倫理、講道德講得最好，但是在人我之間的關係上，道家才能化解那份緊張。常常我們很容易會不由自主地自以爲是，爲別人決定該這樣或該那樣，不該這樣或不該那樣，所以就造成人際之間的緊張（中共想決定台灣的命運、民意代表想左右議事的論題、企業想獨占資金的流向、父母想影響子女的作法等）；這個時候我們是眞的很迫切需要道家的智慧，來緩和衝突，舒解緊張。

老子告訴我們「聖人無常心」（父母無常心，以子女心爲心）、「聖人不仁」（老師忘掉自己，才能夠給同學自己選擇的機會），如果我們能夠放開、轉化心境退一步想，讓別人自生自長、自在自得，能夠這樣，尊重別人的生命就如同尊重自己生命一樣地尊貴，那麼這個世界一定會更洋溢著無限的可能（社會治安一定可以因自我心境的轉化而有改善的契機〔註52〕）。

無限的可能在莊子看來，就是「回歸本眞」的自我，也就是做眞正的自己。然而，爲什麼我們總把握不住自己的本眞呢？莊子認爲是因人的有限性，因爲我們「想」這樣「想」那樣；殊不知想要得到的念頭永遠是我們的負擔，心有所執定會有所失〔註53〕（經濟掛帥治安敗壞）。

所以，莊子描寫形體的醜陋，是爲了要強調心靈的美，此因內在生命充實圓滿的人，外形如何是無關緊要的，那怕是「惡駭天下」，也不會妨害其德

〔註52〕老子不願見人生總在相互牽引中同歸沉落，所以他要我們最好具備水一般的性格；〈第八章〉「上善若水」之義，即是在解說「水的高貴就在它承擔卑下，不與之爭」的道理。

〔註53〕人生的有限性就是我們執著太多，想要太多。

行之美；由這個觀點可以看出，人生不是比外形，不是比誰長得青春、美麗、瀟灑？如果只比這樣，那麼人生真的很可悲，因為人生最年少的階段可能只有十幾年的青年時期，之後最美好的狀態幾乎就過去了，但是人生還要活到七八十歲。不要被帶到什麼都想要、都喜歡、都去追求的境地，那一生注定不幸福；因為心知的分別，就一定會去追求而被帶動，好比每天徘徊在十字路口（因心想追求的東西太多了〔註54〕），不知該走那一條路，而莊子告訴我們要知有涯，在世界趨勢社會潮流之多元價值的帶動下，我們要走出真正屬於自己的道路來，不但如此，選擇之後還必須進一步認同自己所選擇的，不要在乎成敗得失、利害禍福，這樣完全的放開自在才能將生命的纏累消解，讓天真回來，讓美好再現，這就是養生的極致。莊子自人的有限性出發，指出人生一開始一成形，就成為有限，每個人都有他的特質，但我不能是他，我只能夠欣賞；然而欣賞就有美感，在這裡有一個很好的轉「化」，且讓我們從中得到生命的智慧，讓所有的遺憾都化為美感吧！

　　現代的人際關係為何如此緊張對立？選舉文化為何如此扭曲粗俗？國際態勢為何如此詭譎多變？這些現象在在都顯出，如果大家越往下分，就會愈分裂、愈互相看不起，不如跳開彼此的立場，給予對方包容、尊重、欣賞、肯定，進而產生整體和諧的共識；看每一個人，每一個人平等，看萬物，萬物平等，就像大鵬鳥徜徉在九萬里的高空，在突破自我的有限性之後，我們也能夠不斷往上提升，與萬物自在翱翔於廣闊無垠的天際；而此即是莊子所言之「萬物平齊、大家逍遙」的大智大慧，也是當代人所必備的生活哲學。

五、結　語

　　人生人生，這個生生不息的力量在儒家說來是在於我們的心，而心則是透過德來全成展延的；所謂「天地之大德曰生」，天地是有德的，因為天地化生萬物，天地所生出來的不是有形的軀體，而是每個人的價值觀念，也就是德。所以儒家肯定人心的創造力，人的一生是要靠德來傳承繁衍下去的。在這個物欲橫流、人人自危的世代之中，我們不僅要明辨許多表象背後的真理，以對治混亂勢局之是非不明，更須深思天道賦予人心真正的義涵—人心是可以產生價值的，人心是可以給出生命之動力的。

〔註54〕所謂「年命在身有盡，心知逐物無邊」，同註36之義。

儒家獨到之處就在於有心（實有層），因爲有心可以創造、可以愛人；而道家的精采卻在於無心（作用層），因爲無心可以觀照、可以照人。就道家而言，人世間的一切（學問、事業、感情、道義）都是能夠眞實感受到的實有，而一切的實有是來自於虛無；因爲我們每一個人都沒有自己，都放開了，我對別人好，又忘記我對別人的好，這樣，才能眞正保存這個對別人好的作用，也才足以實現這個對別人好的價值。所以人生一切的美好，都是因爲自己讓開一步所帶出來的智慧表現。

中國有儒家，就代表我們的人格典範、道德生命有一個自覺挺立的理想和方向，希望自己有個依循站得很穩，像不會動搖的山一樣，但是，我們又覺得須有道家像水一般靈動的智慧，來因應（世界的）變動、承擔卑下。〔註55〕因此，不論是儒家出乎人性的實踐道德之學，或是道家本於自然的生命智慧之論，都能提供我們一個省思自我生活目的與生命意義的空間，而要重新找尋台灣的生命力以迎頭趕上物質科技方面的躍昇，筆者認爲透過文化之根的儒道二家，其思想的啓迪與智慧的遞嬗，經過「教」而與家庭社會國家結合爲一股「化」（教養）的力量，就能原原本本地活出人的尊嚴，充充實實地活出人的價值，豐豐富富地活出人的精采。

參考書目

1. 程頤／朱熹：《易程傳》（台北：河洛圖書，1974）。
2. 朱熹／黃慶萱：《易本義》（台北：金楓出版，1997）。
3. 朱熹：《四書集注》（台北：中華書局，1981）。
4. 李滌生：《荀子集釋》（台北：學生書局，1981）。
5. 王邦雄／曾昭旭／楊祖漢：《孟子義理疏解》（台北：鵝湖出版，1989）。
6. 牟宗三：《圓善論》（台北：學生書局，1985）。
7. 牟宗三：《中國哲學十九講》（台北：學生書局，1983）。
8. 蔡仁厚：《儒家心性之學論要》（台北：文津出版社，1990）。
9. 蔡仁厚：《中國哲學史大綱》（台北：學生書局，1988）。
10. 周群振：《荀子思想研究》（台北：文津出版社，1987）。
11. 王邦雄：《老子道》（台北：漢藝色研出版，1991）。
12. 王邦雄：《生死道》（台北：漢藝色研出版，1991）。

〔註55〕〈第八章〉：「水善利萬物而不爭」。

13. 王邦雄：《人間道》（台北：漢藝色研出版，1991）。

14. 王邦雄：《莊子道》（台北：漢藝色研出版，1993）。

15. 陳鼓應：《老莊新論》（台北：五南圖書，1993）。

16. Karl Jaspers 著・黃藿譯：《當代的精神處境》（台北：聯經出版，1985）。

17. 楊祖漢等著：《當代新儒學論文集》〈內聖篇〉（台北：文津出版社，1991）。

18. 傅佩榮：《中西十大哲學家》（台北：台灣書店，1997）。

19. 羅光：《生命哲學》（台北：學生書局，1984）。